「アート保育」のすすめ

子育てサポート
アトリエREIレイ合同会社
代表社員
岡本礼子
OKAMOTO REIKO

幻冬舎MC

「アート保育」のすすめ

はじめに

〝アート〟で子育てしてみませんか？

「アートで過ごす子供たち」を育てたい。

これが保育園「アトリエＲＥＩレイこども舎」（※以下「レイ」と呼びます）のはじまりでした。

当保育園は広島県廿日市市《はつかいち》にあります。廿日市市は瀬戸内海に面した港町で、読者のみなさんもご存知なのは、世界遺産である安芸の宮島（厳島）だと思います。

廿日市市の総人口は令和6年1月1日時点で11万5998人、65歳以上が3万6481人、15歳未満が1万4996人という地域です。

また、子育てしやすい町の上位にランクされています。

市長の言葉を借りると「こどもが主役のまち」（2024年2月14日）です。

当保育園では、音楽や描画などの芸術活動を大切にしています。日々の小さな芸術活動から生まれる多くの「アート」の力を、子供たちを育てる「アート保育」としています。実はこれは、「アート」と「保育」の造語です。「アート保育」って何？　と不思議がられますが、今回、この書籍を通して私たちがどのような教育をしているのか、知っていただければと思います。

正式には「ＲＥＩレイ式アート保育（登録商標）」です。

本書は私の気持ちのままを綴っております。私のお喋りを聞くような感覚で、温かい気持ちで読み進めていただければ幸いです。

「あの人センスいい」「素敵なお部屋ね」と思って見ることがありませんか？　人は、何を指してそう言っているのでしょう？　その人の服装、髪型、持ち物など、そして、しぐさなどをさしているように思います。

では、なぜその人はセンスがいいと思え、その部屋は素敵だと思うのでしょう？　私なりに分析するとすれば、そのセンスある人は、自分自身の特徴や体型を知っており、自分の好みをうまく、体に合わせているのです。センスのいいその部屋は、置いてあるものとの調和が保たれ、バランスが良いのです。その人、その部屋は、他との調和が上手で、自分自身が美しいと感じる選び方、分け方を知っているからだと思います。

ここで私の言う〝センス〟とは、色やカタチ、素材の選び方のバランスがいい人のことです。おしゃれに着こなしているなと感じたり、お部屋のインテリアが周囲とのバランスが良く、洗練されていると思え、品のある生活をしている人だなと思える、そんな部屋が素敵な部屋なのだと思うのです。そんな人に、うちの子もなってほしいと思っていました。お金がなければなれないこととは違います。素敵な人や部屋は、バランスのいいもの（実は本物）を見分け、本当に大切に思っているものを大事に活かしている人だと思うのです。そんな人が、人生を豊かに過ごせるセンスのある人だと思うのです。子供たちにもそんな人生を選択してほしいと思います。

まわりの風景が、○△□に見える時がありませんか？

夜のライトの光がみんな〝○〟、まるく光って見えて、デザインの世界に見えたり、屋根がみんな〝△〟のカードのように見えたり、ビルの連なりがビルとは違ったアイスクリームのスティックアイスの〝□〟に見えたり、一人で「くすっ！」と笑っていたりします。そんな時自分の世界で楽しんでいる私の時間なのです。実は私は、みんなもそんな風に友人たちも見えているのだと思っていましたが、実はそんな風に見えるのは、そう感じている私だけなのだということを知った時、「私って、もしかして変？　変わり者？」と不安になった頃がありました（笑）。

実際、子供たちは、身近にあるモノを面白く使ってみたり、色の組み合わせが斬新で、大人にはないイメージで組み合わせを考えてきたりします。私自身のフィルターを通してのセンスではありますが、子供の考えるアイデアを楽しみにして子育てをしてきました。そんな子育てを、もしかしてみんな（親になった人）もしたいと思っているのかも、と思ったのが「アートで子育てしませんか？」ということなんです。

実は、それが今の保育園、レイの根っこの考え方なのです。〝アートで子育てしてみない？〟が今の保育園のはじまりです。しかし保育園は組織ですから、私の頭のイメージを保育に浸透させて活かすには、まだまだ別の問題が山積みでした。

「レイコさんの〝アート保育〟はわからない」と直球の疑問を随分投げられました。どこから伝えたら、どんな風に伝えたらいいのだろうか？　どうしたら、私の頭で思っていることが、目の前の保育士の行動に投影できるのだろうと思ってきました。10年が過ぎ〝レイコさんのアート保育〟を理解してもらった保育を展開できるスタッフがそろってきたところです。保育士さんも、私のイメージする保育環境の中に漬け込んで、〝感じる〟を体で覚えてもらうしかありません。様々な素材のある環境づくり、それでいて美しい環境、また、子供が夢中になれる環境、保育を目指す人であれば、誰もが考えているでしょう。子供に教え込まないで、自分から興味を持ち、やってみたい、使ってみたいという好奇心を育てる環境づくりです。レイでは、それを色やカタチ、素材の分類で保育園の環境を整理して、その中で子供たちをアート漬けにしたいと考えていました。

レイには、特別の教具があるわけではありません。家庭で使う一般的な生活用具か装飾品を自然に置いておきます。それが、当たり前でいいなと思える環境づくりです。保育環境のイメージは、「ちょっと大きいおばーちゃんち」です。大きさだったり、色だったり、の並べ方を工夫します。意識して展示します。子供たちは、成長したとき、目の奥に焼き付いた保育環境を思い出すでしょう。家庭で、母がいつもしてくれていたことを覚えているのと同じです。小さな瓶に一輪の花が活けてあれば、それをいつも見ていれば、大人になった時、何か物足りなさを感じたとき、それは、お花を飾ることだと思い出すでしょう。そこに色やカタチ、素材を意識して展示をして環境を作っていきたいのです。美意識の土台づくりをしたいのです。

私と保育士さんとの日々のやり取りは、「私はこう思っているのよ」とか、「こんなに風に感じているから、これはここに置いてほしくないかな」といったささやかなモノへのこだわりを、問答します。「あっちとこっち、どっちが好き?」保育士さん自身、「私は、どうしよう?」と考えることが身に付いてほしいと考えてきました。「レイコさんが、また何か言ってるどうしよう!」と思っていた保育士がいたことでしょう。

私自身、実はそう簡単に楽しく子育てをしてきたわけではありません。子育てど真ん中の時期はとくに、心から子育てが楽しいとは思えなかった自分がいます。私自身もやりたいことが常にいっぱいで、公募展出品用の油絵（年に100号5枚）が描きたい、大学のレポートを書きたいと思っていました。いつも時間がないのでイライラした私でした。
でも30年が過ぎ振り返ると、いい思い出が沢山できていました。破天荒な子育てをしてきたなと思います。子育ては後戻りできません。結果、いい子に育ったか？　わかりません。でも個々の個性は、活かしてあげることができたのではないかと思います。それからの人生は、それぞれが自分で生きていくことですから。

近頃は、ダンスに夢中になっている子供たちがいます。それぞれの環境に置かれ、子供は能力を伸ばしていきます。その子の夢中になるものを見つけてあげることが、人的環境の親としての大きな仕事だと思います。親であれば誰しも、「私は何も特技がないのだから、うちの子は、ぜひ大きく羽ばたいてほしい」と願うものですよね。そして、様々な教室通いがはじまります。しかし幼いときに、一番育ってほしい大切な〝感性〟を育てないで教室通いをさせても、身に付きません。その教室通いも無駄になってしまいます。

時間をかけながらでしか育たない自由な発想を広げることができる〝感性〟も同時に育てながら、夢中になる教室通いをさせてあげることが大切だと思います。

目次

第2章

自身の歴史&考え方

第3章　子供の世界と意識

第4章　色と光とカタチの世界

第5章　レイで実践していること

第6章

日々徒然《つれづれ》、ふと考えること

第7章　これからの子供たちへ

あとがき　167

第1章

アートと保育を考える

「アート保育」〝ART KID KERE〟という考え方

「アート」とは、みんなが知っている言葉であり、「保育」という言葉も、みんなが知っている一般的な言葉です。しかしここで言う、造語の「アート保育」は、「アート」が保育に入り込んだ状態を考えています。

家庭でも、保育園でも「アート保育」の考え方は取り入れることができると思います。

正式には「ＲＥＩレイ式アート保育」です。

生活の中の「アート感覚」を保育の中に浸透させている保育を「アート保育」と普通に呼べるようになればいいと思います。そんな保育園の存在が当たり前になってほしいと思います。

「この園は『アート保育』をしているんだね」という感じです。生活の中に、自然にアート感覚が根付いた保育を目指してほしいと思います。

日本の乳幼児教育は、根底に「養育」が重点に挙げられています。そこに芸術的な感性重視の「アート環境」をもっと保育の中に取り入れた教育が、日本の保育や子育ての中に、必要なのではと感じています。私が、一人の保育士であり、絵が大好きな絵描きだからこそ、見える目線だと思います。理屈ではなく、子供の目線は、もっとシンプルなものだと考えます。

そこで、気になったのが、イタリアのレッジョ・エミリア・アプローチ[1]の考え方であり、ドイツからはじまりオランダで広がったイエナプラン教育[2]の共同体の考え方です。またフランスでは、子供たちがポンピドゥー・センターのベンチで、有名な絵の側で絵を見ながら、友達を待っているような様子で休

1　レッジョ・エミリア・アプローチ…アートを楽しんだり、子供が自ら活動テーマやその方法を決めたり、写真や動画などで活動記録を残したりするなど、子供の個性や主体性を大切にし、協調性や自主性をはぐくもうとする教育理念に基づいた教育方法。

2　イエナプラン教育…学校を「生と学びの共同体」と呼び、子供たちがそこで仲間とともに生活しながら社会の一員として市民的行動を練習する場と考えられている。

憩している風景が自然に見られます。日本であれば、警備員に常に守られているような有名な作家の作品の前でした（ロープはあったかしら?）。日常に名画が溶け込んでいる空間でお喋りしている風景がうらやましく、日本にもこんな風にアートが自然に溶け込んでほしいと思います。

芸術が生活の隅々に入り込んだフランスの日々を感じ、日本とのギャップを感じながら、「ＲＥＩレイ式アート保育」を考えています。「アート」は、教え込んで表現するのでは楽しさは伝わりません。日々の感じることで培われていくのです。

「色やカタチをもっと楽しませて遊ばせようよ！」

必要なのは、物的アート環境と人的アート環境だと思います。そのような環境ができたら、子供たちは夢中になります。「アート」の世界が生活の中にあり、遊ぶことができます。

まだまだ未熟な私の「アート保育」の考え方ですが、進化し続けていくと思います。

レイでは、アート活動を園全体で意識しながら、進めていきたいと考えてきました。できるだけ子供の感性をいじりすぎず、子供の感じたままを受け止める保育を話し合ってきたつもりです。様々なモノを並べたり、飾ったりしてアートを常に意識させています。

「レイコさんのいうアート保育は、わからない」と当時の保育士に直球を投げられました。開園から10年が過ぎようとして何となく伝わってきたのかなと思うところです。

運動会のテーマは、ある年は「紙」、ある年は「色」、ある年は「音」など、「アート」の素材を使ってみんなで遊びます。はじめた当時は、このテーマ設定は思いつきだったのです。その時の保育士はとまどい、かなりのブーイングがありました。しかし年を重ねるごとに、子供たちと保育士とのアイデアの出し合いで、とても楽しい運動会になっています。「アート」がテーマの運動会、一風変わった取り組みだと思います。

ダンスの表現は自分で考えた動きを大切にしてまとめています。ダンスを生活の一部にしているような、保育スタッフがいるからこそ実現している保育です。ダンスの動きを覚えてみんな一緒のダンスをするではなく、ダンサーの動きを自分の表現に置き換えて自分のダンスをし、「私のダンスを見て！」というマイワールドに入ったように踊るとでもいうのでしょうか？　やっと歩けるようになった1歳児さんの中に入ってダンスをしていると、1歳児さんは、はじめじっと見ています。そのうち、ダンサーが手を挙げれば、手を動かす、ミラー遊びがはじまります。3・4・5歳児

混合クラスは、数名で、それぞれの思いのダンスを踊ったり、一人で自分が選んだ曲で自分の作ったダンスを踊ったりします。選曲された曲を「今日僕（私）は、こんな風に踊りたい」という感じです。

運動会の取り組みの選別は、保育士のアートの理解とその保育士のアート感覚によって組み立てられます。一つのまとまりとなって運動会の競技となっていきますから、保育士の思いが入りすぎれば、これまでの保育士主導型になってしまいます。この選択は、非常に難しいものです。どのように保育士や子供たちとイメージを共有していくかが重要です。

ある年の運動会で、運動会の取り組みを子供たちの遊びから拾う時、観察していた保育士は、空気清浄機から噴き出す風に興味を持った子供たちが、フーセンを何度もその空気清浄機の上に持っていき、フーセンを飛ばして遊んでいることから、自宅から扇風機を持ってきました。「どうして扇風機があるの？」と私が不思議に思って尋ねたところ、彼女は、「よく子供たちが風で色々なモノを飛ばして遊んでいるから、もっと変化をつけて風が作れるんじゃないかと思って」と答えました。保育士がきっかけを見逃さず、タイミングよく遊びを展開させていった成果だと思います。風を作って遊ばせて、子供たちはいつも扇風機の前にいました。科学遊びです。ＳＴＥＡＭ教育[3]そのものです。その年は「風」が運動会のアートのテーマとなりました。リュウが風に乗って飛んでいく表現遊びとなり、赤と青のフーセンをいっぱい膨らませ、うちわで仰いでフーセンを分けていく親子ゲームとなりました。

絵を描くときも自分で〝はじめる〟を意識させ、〝もうでき上がり〟と完成も自分で決める。

また、「わける、ならべる」を遊びの中でも生活の中でも、いつも美しいを意識することです。色で並べたり、カタチで並べたり、大きさで並べたりして

3　ＳＴＥＡＭ教育…理系や文系の枠を横断して学び、問題を見つける力や解決する力をはぐくむアメリカの教育法。「ＳＴＥＡＭ」は「ステーム」と読み、それぞれが学問領域の頭文字を表している。

試す遊びであり実験です。

「心の色、生きた線」で描く素描が、子供の自然な表現であることを認識し、「描きたい」を描画体験の大切なキーワードとしていきます。そのような遊ばせ方を「アート保育」と言ってもらえるようになりたいと考えてきました。

「美」の意識の磨き方

「〝アート〟な子育てしませんか？」と投げかけると、「〝アート〟って、わからない」という返事が返ってきます。しかし実は〝アート〟は、生活に身近に沢山あります。生活する周囲のものすべてが、〝アート〟作品です。なぜなら、椅子にテーブル、コップ、手帳、すべてプロダクトデザインという生活用品を作るデザイナーが作っているのですから。

若者の中にはこのような生活の中のプロダクトデザインをやってみたくて美

大を目指す方々がいます。自分がデザインしたコップや椅子が日々使われているのですから楽しいですよね。ですから、ヒット商品とそうでない商品とがあるのです。ヒット商品を生み出すと有名アーティストになっていくわけです。世の中に出回っているものには、すべてアーティストがいるのです。

我々は〝色やカタチ、素材〟を選んでその品を買ってきて、日々の生活の中で使っています。「〝アート〟はわからない」といって美術館に行くことにハードルが高いと感じているというのは、実はおかしいことなのです。日々デザイナーによる〝アート〟の世界で過ごしているのですから。きっと難しく考えすぎているのだと思います。

100円ショップのコップも1個1万円するコップもデザイナーの考えた作品なのです。その中で、自分で「このコップでいいや」と選んで買って帰っているのです。そんな風にして、自分の家のインテリアはできているのです。「何でもいいや」と思いつつも選んでいます。素敵なセンスのある人たちは、そこにモノを選ぶことにこだわりがあるのです。

絵描きを自称している私にも、〝アート〟って実はよくわかりません。様々なアートのカタチがあることを知っているからこそ、その多様性についていかれていないと思うからこそその、「わからない」という答えなのです。

〝アート〟の価値は、その人その人で違っていいのです。しかし、何を基準に置くかは〝色やカタチ、素材〟を見抜く力が、その人の根っこの部分に育っていれば、どんな服装、生活用品を買う時にも、活かされると思っています。ですから小さい時から、その子らしい〝色やカタチ、素材〟の選び方を知っていれば、その人なりの美しさを持つことができると思うのです。自分の好きはどこにあるか？　を自分自身で磨かなくてはいけないと思うのです。

さて、どうやって自分の〝美しい〟と感じる意識を磨くのか？　ということになりますね。

私の提案は、その日々のほんの少しのこだわりを丁寧に過ごすことで、生活が整理され、洗練され、美意識が磨かれた空間や自分自身になれると思うのです。シンプルで過ごしたい人、キラキラ大好きな若者、その時夢中で過ごすひと時は素敵だと思います。

そこに〝アートの色やカタチ、素材〟の持つ本物の美しさを見抜く力を、ほんの少し意識できていれば、もっと素敵に自分や周囲を飾り、整理することができると思うのです。それが美意識を磨くということになるのではないかと思うのです。美を意識した生活を意識することで、美に対する豊かな感性を育てることに繋がっていくのだと考えます。個性はそこから、育っていくと考えています（これは、実験データがあるわけではありません）。

多くの洗練されたタレントが、メディアに登場しますが、その方々の姿に憧れ、真似をします。でも真似したところで、どこかまとまりのない自分に気づくはずです。メディアに出ているタレントの方々は、その道のプロたちが、その人を商品として美しく作り上げていくために様々な技術を使い、頭の先から足の先まで、肌の色や顔立ちに合わせ、コーディネートしていくのです。

裏方のプロたちは、それぞれの〝色やカタチ、素材〟を活かし、場にあった作品（タレント）に仕上げ、そして、それぞれに商品化された価値を持たせ、経済効果を意識して一人のタレントを作り上げているのです。それは、プロたちの完璧な商品（タレント）なのです。そんなことと知っていても、完璧に真似はできないことを知っていながら真似したくなります。しかし、そこに本物を見抜く力を持っていれば、自分なりにタレントの髪型や服装をコーディネートできて、素敵に着こなせます。

きっと、みんなそうなりたいと思っているはずです。でもそうなれない理由がそこにあるのです。どれだけお金をかけることができるかという問題からはじまります。でも、お金の問題ではないと思います。〝色やカタチ、素材〟についての理解と自分自身の個性の理解ができていれば、それなりの工夫でいくらでも楽しめると思うからです。

大人も子供も便利で簡単なことに慣れすぎていませんか？　現代はパソコンが生活に入り込んでいます。鉛筆やシャープペンシルで字を書くことが本当に少なくなってしまいました。パソコンは、すぐに修正できるし、本当に便利です。調べものも、検索すれば、すぐに答えが出てきます。本当に便利な世の中です。

ワークショップなどで大学生に詩の中の熊をイラストで描くように指示すると、インターネット検索で熊を探しはじめます。それを見ながらイラストを描きはじめる学生が沢山いました。自分で熊の絵を考えるのは心細いと考えるからでしょう。検索を元にきっかけをつかみ、自分でイメージを広げることに頭を使ってほしいと思います。インターネットに丸投げしてしまうのは、感心しません。自分で熊のイメージを作る工夫が必要です。

キャラクターやゲームが氾濫した子育てど真ん中の若い方に、もっと深く、もっとゆっくり、本物に触れて、過ごす環境を教えてあげたくなります。親子でゲームの世界にはまっている家庭の話もよく聞きます。時代の方向性の違いなのでしょうか？　しかし、もう一つ、本物に触れる機会が必要なように思います。その機会をどのように作ってあげればいいのでしょうか？

きっとその〝本物のアート〟に触れたひと時を心地よく思えれば、二つの世界（バーチャルと本物と思う世界）を楽しむことができると思います。

近所のお宅から、家を整理する時期に入っているお宅から遊休品を保育園に沢山いただきます。結婚式の引き出物の有名な陶器や絹の着物や、木からくりぬいた菓子器など、高価な品々が沢山あります。

これらの本物性を見抜く力がある人は実は少ないのです。見て触って持って、感じることを子供たちに体験させてあげることが大切だと感じます。バーチャルの世界と本物の作品と両方が必要です。普段から、沢山の自然の中の本物に触れてその味わいを体に覚えさせていく積み重ねです。

「アート思考」って何？

「アート思考」を検索すると、「モノをいろいろな面から見ることができること」、このようにも出てきます。ここで言う「アート」とは、20世紀以降の「現代アート」を指します。写真が普及し、目に見えるモノの模倣が、絵画という考えから、ビジョンを導きだす思考に変化してきたということです。

アーティストが、作品を生み出すときのプロセスや考え方や思考を「アート思考」と呼んでいます。この考え方やプロセスを新しい社会やビジネスの創出に活用したいということで多くのビジネスパーソンから注目を集めています。

「アート」だけの世界が、実は、教育の場においても、STEM教育の中にA（アート）が加わり、STEAM教育科学においても「アート」の柔軟な思考が重要と考えられるようになりました。同様に、ビジネスの世界においても、企業を進化発展させるために、「アート」の柔軟な思考回路である「アート思考」が必要であると考えられるようになってきました。世界のビジネスの指導者が、「アート思考」の必要性を求めているということを知りました（『世界のエリートはなぜ「美意識」を鍛えるのか？　経営における「アート」と「サイエンス」』山口周著　光文社新書2017より）。私にとって、「アート」と「アート思考」が社会に求められている思考回路であることはとても嬉しく、感動して夢中で読んだのを記憶しています。

私は、絵を描く時「どうも面白くないわ。イメージと違っているから、こんな風に変えてみようか？　それとも色を暗くしてみようか？　この線は消した方が面白くなるかもしれないな」など、頭の中の思考回路が、絵を描きはじめ、どんどん**フロー状態**に入って夢中になります。脳のシナプスを伸ばしてアイデアが湧き出している、そんな感覚の時間になります。

子育てを支援してきた仲良しのお母さんが、時々私にアイデアを求めてきます。「レイコさんはいつもどんどんアイデアが浮かぶのね。ほら、もう違うことを考えてるね」と言います。「そうだっけ？」といつも彼女の言う言葉を不思議に思っていました。実際、私は、「そうできなければ、こうしてみたら？どう？」と考えます。あの手この手の方法を常に持っています。なぜなら、その課題に対して、集中して考えはじめると、頭の中に、「次にどうしたらいいだろう」と提案が、浮かんでくるのです。私にとって、40年も「絵を描く」という行為が、実は、見方を自由に変化でき、パラダイムシフトする力の「アート思考」を磨いていたことに気づきました。

私自身、絵を描いてきたことが、実は、私自身のビジネスと繋がっていたのです。いつも破天荒な発想に、周囲を振り回しながらの保育園経営です。「アート思考」が基盤となって保育園の経営をしてきたのです。

ある年度末に、「あなたにとって『アート』とは何ですか？」と保育園のスタッフ全員にアンケートをしたことがあります。スタッフの思う「アート」と私の思っている「アート」という言葉には、もしかしたら、感じ方や理解の仕方に相違があるのかもしれないと感じていました。そこで、このようなアンケートを実施したわけです。それぞれに今思う「アート」の意味を様々に、インターネットなどから検索し、質問の返答にインターネットの言葉を流用して、個々の考える「アート」を文章にしてもらいました。その中の一人のスタッフの書いてくれたコメントに、この「アート思考」という言葉があったのです。この「アート思考」という言葉を見つけたとき、とても感動したのを覚えています。絵を描くことと、保育を繋ぐキーワードだと感じました。私が、子供たちに絵を描いてほしいという思いは、この「アート思考」を身に付けさせたいからだと直感しました。

子供が、自分のイメージを絵の中で、自由に発想を展開し変化させて描くことは、それはその子の考えです。まさにモノの見方を自由に変える「アート思考」をしている子供の姿なのです。「アート」というイメージをどのように捉えて日々保育に関わってくれているのか知りたいと思ってのアンケートでしたが、大きなプレゼントをもらったような気持ちでした。

以前は、あまり知られていない言葉だと思っていましたが、この頃はインターネットの中で、「アート思考」を鍛える指導法なるものも存在しています。「アート思考」は、絵を描く中で、自由な発想をするために、最も大切な考え方だと思います。それは、学校教育の中でも、同様に重要であることに教育関係の方々が気づきはじめたということですね。しかし、学校では、図画工作の時間がまだまだ重要な科目とは認識されていないように受け取れます。日本の教育機関にアートと教育を繋ぐ方が必要なのではないでしょうか？

絵を描き続けていると、行き詰まってしまうことがあります。そんなとき、どのようにしてこの苦境から脱け出そうとしますか？　私だったら、絵を逆さまにしたり、色を変えたり、遠くから見たり、他の人の意見を聞いたりします。意見は参考にするだけで、実はちっとも聞いてはいませんでしたね。それは、新たな切り口を探しているのです。今の自分の考え方では、「この場面から切り替わることができない」と感じているから、何でもいい、何か情報が欲しいと思っているのです。

「アート思考」とは、柔軟に物事を見ることのできる力です。子供たちは普段から、アート思考的なイメージをいつも持っています。それは、子供の物事に対する理解が大人が常識と思っている理解よりも未熟なため（大人の常識、それが良いことだとは思いません）、本質を知らないで、自由に発想できるからだと思います。大人になってくると、物事の理屈や常識なるものが、頭によぎり、自由な発想を狭めてしまいます。「こんなことをしたら、変に思われるかもしれない。本当はこうだから、おかしいと思われるよね」とか、そんな現実と照らし合わせて、イメージの世界に飛び出せなくなってしまっています。

「アート思考」が、企業の方向性をより柔軟に展開するための一つの手法であり、必要な学びであるといわれています。科学的なレベルを上げるだけでは、企業の差別化は望めない。これからは、美意識を高め、機能性の中に美しさを求める時代がきていると指摘されています。まさに、これから育つ子供たちは、パソコンが使えるのは当たり前、おもちゃのようにインターネット検索を日々の生活に取り入れています。それが、日々の当たり前であれば、どこかが優れており、また他とどこかは違って見えるということになります。色であったり、カタチの美しさであったり。まさに今、ヒットしている商品や企画は、美しくそして機能的に優れています。それは、アート的なセンスに溢れています。世の中も消費者も素晴らしさを見抜く力を持っています。

機能的には、大きな差はないものが多いでしょう。しかし、その中でヒットしているものとそうでないモノが生み出されているのです。その違いは、色やカタチ、そしてその素材を形作っている微妙なセンスの違いだと、私は思います。

500円のTシャツと1万円のTシャツをそれぞれ着こなした時の着心地の良さや繊維の細かさ、色の美しさは、はっきり違っています。このセンスを子供の時から、どのようにして育てていけば良いのでしょう？　育てることが、モノの見方の情報を豊かにし、学習レベルをアップさせていくことに繋がり、それは、レベルの高い人材を育てることに繋がっていくのだと思います。

子供の時から、質の良いモノ、本物を見抜ける力を、育てる必要があります。生活の中に、様々な素材のある環境を準備して、心地よい空間を、子供自身が選択できる力を、選別できる空間が必要です。

プラスチック製品や石油製品で作られた商品が最も心地よいとは、思ってほしくないのです。商品が安価で手に入りやすいということは大事ですが、今は、仕方なく安価な製品を選んでいると、知っておいてほしいと思います。自然の素材の綿・麻・純毛・絹の肌触りや風合いを本物として覚えてほしいと思います。

幼児教室では、英語教室やパソコン教室が人気です。英語やパソコンを習わせると同様に、モノの美しさや、自然の美しさを見抜く感性を、育てる必要があると考えています。英語やパソコンができることは、これからは必須になるツールです。生活の中に入り込んできます。特別視しなくても、自然に身に付く環境ができることでしょう。当たり前にそれらを身に付けた子供たちに、なっていくことでしょう。

それよりも今、見せたい、今見えるようになっていてほしい、見抜くようになってほしい、育ってほしい感性があります。それが「アート思考」です。それを乳幼児期の今育てるべきであるように思います。大きくその感性が育っていなくてもいいのです。

「そんなこともあるな」と、どこか知っていれば、そのアート感覚の芽を大人になるまで摘んでいなければいいと思います。反対にその芽を持たずに成長してしまったら、アート的な感性を持てない子供になってしまわないかと心配になります。感じない子供、無機質な子供になってしまうのではないかと心配になってしまいます。無表情、無感動が、一番悲しい子供の姿です。そのまま大人になってはいけません。

「美意識」や「アート思考」は日々の環境とアイデアを考える思考回路を育てることで、磨いていくことができると考えます。それを、様々な画材を使って遊ぶことで育てたいと考えているわけです。色のこだわり、カタチのこだわり、素材のこだわりを持ちながら、乳幼児期を過ごすと「アート」が生活に入り込んでくると考えています。それは、大人になるために必要な感性を育てると考えています。

お部屋のインテリアを探す時

好きなインテリアを探す時、私は、リサイクルのお店を覗きます。何もない部屋をどう活かしていこうかと思って、いろいろなお店を眺めながら過ごしていると、意外にリサイクルのお店に並ぶ素敵なものが、目に入ります。手放された方はきっと、「いいな」と思って買ったけれど、その元の持ち主は、これは「まだもったいない」と感じてリサイクルに出されたのでしょう。一度人の目で選別され、愛されてきた家具だからこその良さが、あるのだと私は思います。「手放すには、もったいないけれど、仕方がないな」と思った前の持ち主の気持ちが見える家具に出会うと、嬉しくなります。私は安く買えるからという気持ちより、愛着のあった家具に出会う歓びをリサイクルのお店に感じています。ですから、リサイクルのお店を覗く時は、心のどこかにその家具に出会えることへの楽しみを持ちながら店内をうろうろします。ＳＤＧｓでありながら、本物の出会いを探す場所でもあります。

売り手は、今の流行も踏まえて家具の価値を付けていきます。そんなお気に入りを見つけた時は感動です。「大事に使われてきたのだろうな」と思って眺めます。我が家にそんな家具を迎えた時、「大事にしなくちゃ」と改めて思いますね。気が付けば、リサイクルで購入したもので、私のアトリエはできていました。

私のアトリエには、お気に入りの一人掛けソファがあります。それは、実家の古いソファを、ウィリアム・モリスのデザインの布で張り替えたお気に入りです。父がこの椅子に座って、よく庭を眺めていたなと思い出します。布を張り替えたこの椅子が、部屋に帰った時の一番のお気に入りの場所となっています。

実はこの一人掛け椅子の張り替えに、20万かかっています。大事に使うためのお金だと思います。長い目でみれば、安上がりです。この椅子は、父が使っていた時代からすると60年使っているのです。この椅子を活かすための20万は、私にとっては、かけがえのない大事な費用でした。決して高くなかったと思っています。人は、色やカタチだけでなく思い出も家具に求めているのです。「アート」は、生活をこのようにして歴史を繋いでいくのです。

第2章

自身の歴史&考え方

「真っ白い紙」

私は、初めて行動を起こすとき、自分の中に〝勇気を出して行動しようか？それとも、何もせずただ見ていようか？〟と思う二つの心があることに気が付きます。我々は、常に二者択一をしています。自分自身の心の中に、いい子と悪い子の存在を感じることもあります。積極的な一面と消極的な一面です。

0歳児の赤ちゃんは、生まれて初めて見えるモノ、触るモノ、置かれた環境で、周囲からの刺激を肌で感じ、受け止めていきます。そしてゆだねられた環境の体験を下地に、情操は育っていくのでしょう！

0歳児、1歳児の赤ちゃんに、初めての体験をさせてあげる瞬間、とても大事ですね。もしかしたら、その子の一生に関わる選択をその瞬間している可能性があるのですから。赤ちゃんは、何も言えず、されるがまま、置かれた環境のままです（体験させるのは親かもしれないし、保育士かもしれません）。

体一つ、置かれた環境での対応に、体をゆだねているのです。そう考えると保育士という仕事は、とても怖い仕事です。その子の一生を決めているかもしれないのですから。それだからこそ、やりがいのある仕事だとも言えます。


実は私は、保育士になりたかったわけではありません。

「美大に行きたい」と母に伝えたら、「行ってどうするん（どうするの）？」と一言。そこを説得できず、あきらめ、しぶしぶ保育の道に進みました。その時に思い浮かんだのが、保育園の先生でした。保育の仕事では子供たちに絵を描いたり、モノを作ったりすることがある！　それらの場面が頭の中に浮かんだのです。それは、私の絵が描きたいという創作意欲に近い、と感じて保育の道に進みました。

その時の母の一言は、私のその後の人生において大きく舵を切るきっかけになったのです。今考えると親に決められた大きな岐路だったと思います。その時は、何も言い返せない自分や強い母に対して落ち込んだ記憶があります。母の潔いその一言は、そのまま頭の隅に残り、今でも声が聞こえるようです。

でも今は、40年も保育の仕事を続け、保育の面白さを自身のやりたいことと重ねて、活き活き仕事ができています。しっかりと私のライフワークとなって根を張っています。その頃の私は、母の大きさに沈みそうになりながら自分探しをしている若い時代でした。

保育の仕事をしながら、「絵が描きたい」というモチベーションを持ち続けてきました。「絵を描きたい」と思う気持ちがあればこそ、仕事も子育てもやりきれたのだと今感じるところです。なぜそんなに絵が描きたかったのかよくわかりませんが、絵を描くことを続けたかったのです。それほどの才能があるはずもないのに、自分のしたいこと、やりたい気持ちの方が強かったですね。「好きこそものの上手なれ」を信じてました。続けられるのも才能の一つと思っています。今も「継続は力なり」ということわざを信じています。

保育士の仕事は、私の絵を描くことを経済的に助け、そのおかげで継続することができたのです。保育士の仕事があったからこそ、絵を描き続けられたことは間違いないのです。その面では、母に感謝をしなければいけません。先見の明があったのだと思います。

しかし私は、美大への憧れを持ちを続け、仕事をしながら、子育てをしながら、美大に行きたい夢を、通信教育という手段で、実現しました。10年かかり何とか卒業しましたが、そこで得たものは、絵を描く技術ではなく、〝描きたいと思う気持ちが、作家を育てるのだ〟ということでした。

美大を出たというプライドだけでは、私が思う素晴らしい絵はできないことを学んだのです。絵を描く技術は、自己研鑽に尽きるということを学びました。ただ美大を卒業したいという憧れだけだったのです。ないものねだりだったのです。

美大では、芸術に対する視野を広げる教育をしていただきました。

中でも「東洋美術史」は手ごわかったけれど、特にアジアの美術に興味を持つきっかけになりました。インド美術のガンダーラ美術、それから中国、日本と歴史が流れ、芸術の文化が、引き継がれ流れてきたことを、壮大なスケールの「東洋美術史」から学びました。本や資料だけの世界なのに、そのスケールの大きさにワクワクしました。

それから、お寺にいくと、仏像のお顔の違いにとても興味を持つようになりました。まずは、仏像のお顔のカタチや目の大きさをじっくり見るようになりましたよ。

美大の卒業という実績は、作家になるための磨き方を学び、私の専門家としての自信になりました。10年かけて、卒業した意味はあったのです。

美大を卒業したら、作家になれるのだ、卒業していないから、アーティストになれないのだというのは、ただの思い込みだったということが、卒業してわかったことです。アーティストになるには、自分磨きしかないことを、美大を卒業して学びました。学校というところは、今の自分自身から、違う世界を見せてくれる場所なのだと実感した10年間でした。その頃、保育士の私が、学生証を持って美術館に学割で入れる特権もちょっと嬉しかったです。仕事も子育ても忘れ、真摯な学生になっているひと時でした。レポートの〆切がギリギリのために、夜中にポストにレポートを投函しに、出かけたのも懐かしい思い出となりました。その頃の自分磨きが、今もしっかり今の私自身を作っています。

一番学んだことは、必死にやり続けると、やりたいことができるということです。それが今も根っこの部分に流れています。どんなに大変でも、好きなことはやり抜けると思っていることかもしれません。

自分のお金でなら、自由に美大に通うことができると思って、仕事と子育てをしながら美大のレポートに明け暮れた10年でした。しかし、そこで犠牲にしてしまったのは、家族かもしれません。子供たちは、私から、何を学び取ってくれたのでしょう？　きっと、自己中心の母を見てきたことでしょう。必死な姿よりも、できないイライラを見せてきたかもしれません。良いことも悪いことも正直に見せてきました。

今になって思うことは、保育士の仕事は決して、私に合っていなかったとは思いません。公立保育士を定年の10年前に早く辞める決心をした時には、事前に母には伝えませんでした。反対されるのが目に見えていたからです。

勤務を終えるのは3月31日。母が知ったのは、3月26日、近所の知り合いからでした。母が激怒したのは、当然です。でも自分の意志を通したかったのです。気が付けば、私は、母にとってのいい子をずっと演じてきました。そんな私が、勇気を持って大きな決断をした瞬間です。母から見れば、いい子悪い子の悪い子ですね。でもそれからは、母のトラウマから解き放たれた私がいるよう思います。何も怖くなったように思います。自分の人生は自分で決めるのがいいのだということを実感したのです。

私は絵を描くことが、大好きです。今は、その楽しさを子供たちと共有したいと思っている私がいるのです。絵を通して、世界中の子供たちを幸せにしたいと思っているのです。

私の信念は、「絵を通して世界中の人々を幸せにします」です。少々大げさですけれど。この目標に向かって頑張っています。

「アート」は、世界共通のツールです。私は、これまで、様々な国の子供たちのアート表現に触れる機会を持ってきました。アメリカの子供たちと一緒に絵を描いたことも、タイの子供たちと一緒に絵を描いたひと時も、すべて楽しい体験、面白いワクワク感がありました。そんな時、子供たちは世界共通です。みんな、「何がはじまるの？」と目をキラキラさせて見ています。「やっていい？　これ何？　どうするんだろう？」

日本の子供たちも、アメリカもタイの子たちも、そして私も一緒に絵を描くことを、面白いと感じているのです。

私も子供たちもみんな同じ目線にいます。国籍も関係ありません。言葉の違いも全く気になりません。真っ白い紙に線を引く、点を描く。「アート」には、小さな決断が溢れています。それがワクワクです。その一歩が「アート」のはじまり！　創造のはじまりです。その中で、自分で行動してはじめる子供たちは、どこにいてもどこの国籍を持っていても、同じように、自分から「描きたい！」とはじめます。言葉の壁はありません。

しかし、実際に教育現場で子供たちと接していると、**指示を待つ子供たち**が、沢山います。

「描いていい？　してもいい？」こんな風に尋ねます。または、目で指示を待っています。それは、そのように仕向けている大人がいるからです。先生のうなずきを待ってます。それは、これも国籍を超えて、指示しなくては、絵を描かせられないと考える大人が世界共通に存在するということです。

大人は知らないのです。

子供は一人で絵が描けるのです！

何も言えない子供、お喋り大好きな子供の違い

私は、お喋りをしない静かな子供でした。今の私をそんな風に見てくれる人はいませんね。どうして、私は、そんな子だったのかと思います。それは、母が強かったから。鬼のような母ではありませんよ。物事の理屈が通っている賢い母でしたので、自分の思いを通せなかったのです。母がいつも正しかったのです。母に言われるままにお利口さんを演じていました。叱られる、そんなに命令的な母ではなかったと思いますが、言い返せなかった私がいます。

母の言葉には、説得力があったのでしょう。自分の中で、この行動力の強さを、温存していたのだろうと思います。その子供の頃、指示されなければ、動けない私がいたのだろうと思います。いつも何となく、母の暗黙の許可を得ていたように思います。その強い縛りがなくなり、自由に動けることを学んだのが今ということになります。

子は親を選べないと言います。『河童』という芥川龍之介の有名なお話の中に、生まれる子供に「生まれたいか？」と聞く場面があります。親になる人に、その人に必要な赤ちゃんが与えられるといいますね。そして様々な運命が動きはじめるのです。私もその強い信念を持った母に育てられ今があります。そしてそうであったからこそ、今の考えができ上がっていると思います。

どんな思考も急には、育たないと思います。少しずつの積み重ねです。

保育士の仕事は、命を預かる大変責任のある仕事ですけれど、同時に大変やりがいのある仕事だとも言えます。もし0歳児さんが、無機質な空間（まっ白な何もなく何も聞こえないような環境）で育てられたとしたら、その子は、何も感じない子に育ってしまうでしょう。狼に育てられた子供が、インドで見つかりました。その子は、狼の行動を学んでいたという実例があります。亡くなるまで、言葉は話せなかったとありました。環境はそれほど重要なのです。

保育園に預けられた子供たちは、人的環境である未熟な我々保育士（すべての世界中の保育士です）が、その子供の一生を握っているのです。であれば、その子供にしてあげられる可能性をほんの少しでも、今、目の前にいる一期一会のこの子供たちに、私たちの作ることのできる環境を準備してあげたいと思います。大げさなことに見えますが、実は日々、我々保育士は、その子供たちの素晴らしい感性を育てているのかもしれないのです。あるいは、奪ってしまっているのかもしれないのです。

何が正しいのか何が必要なのか、実際のところ、子供たち一人ひとりの感性が違っているのですから、対応は様々です。神様だってできないことでしょう。

無知であれば、何も知らずに大変なことをしてしまいます。それと同じだと思います。しかしできる限りの誠意を持って、今ある知識を磨きながら、まっ白な子供たちを美しく染めてあげたいと思います。その色は、ほんの少し染める程度、優しく染めてあげたいと思います。自分の色に染めるのは、その子が大きくなって自分自身で染めていくことなのです。大人は、ほんのきっかけ作りです。そんな仕事をしていきたいですね。

私は小学生の頃、宿題をしぶしぶしていました。子供たち、大抵がそうではないかしら？　仕方なくせねばならないことを学ぶことも、大事だと思います。本当に知りたいことを子供たちは、自分から覚えます。それもあっという間に覚えてしまいます。車の車種、魚の名前、昆虫の種類、国の名前、恐竜の種類……やりたいことはやり抜きます。宿題も、やりたいことの一つになるような工夫があれば、楽しく学べます。受け取り方の違いです。

私も、絵を描くことは、どんなに眠くても、どんなに睡眠時間を削っても夢中になってやっていました。毎年、続けて公益社団法人二科会（毎年開催される公募展）に出品したかったのです。絵の出品を続けたい気持ちが第一優先の私でした。一人でアクセクしている私に、旦那さんは、「間に合わないなら、来年出したら？（笑）」と見て見ぬふりをしてました。それは実は、最大の応援だったのでしょう。出品して、思う結果（数枚の出品の中から、気に入った作品が入選していないことがありました）となっていなくても、「よし、また来年頑張るぞ」と次のキャンバスの下地作りをはじめるのです。またこつこつと、頼まれもしないのに……。40年もやり続けています。ただ大きなキャンバスに絵が描きたかったのです。

日々の子育てと仕事に追われながらも、自分の絵を描く時間が欲しかったのです。絵を描きたい気持ちは、必要な私の時間でした。絵を描いている私の時間が好きだったのだと思います。どうしてでしょう？　このモチベーションを持ち続けられているのは、自分の意志しかありません。どこでこの頑固な意志を身に付けたのかわかりません（笑）。

絵が描き続けられたからこそ、保育の仕事も、妻として、母として、嫁としての責任も、バランスの糸が切れずに続けられたことは、間違いありません。どんな風にしてこなしてきたか、もう忘却の彼方です。

くたくたに疲れきったら、絵が描きたくなる私が今もいます。本当の自分に戻れる瞬間なのです。

○△□、色、素材でできている私たちの世界

普段の私たちの生活を見まわしてみてください。窓は□に見えます。テーブルも□、お皿は○が多いですかね。洋服も□と△の組み合わせで、カタチができています。見えるモノは、○△□で分けることができます。単純化できます。屋根は△、ビルは□、山は△、太陽は○です。見えるモノは、○△□で分類することができます。

そんな風に見ても、生活に何の変わりはありません。カタチに色が加わります。そして、それに素材が加わると、世の中のモノすべてを整理することができるのです。面白いと思いませんか？

気に留めない人も多いでしょう。何の得もありませんからね。私は、この○△□でモノを見る習慣があります。「みなさんもそのように見えるでしょう？」と言いたいですが、そんなつもりで見ていない人の方が多いようですね。私

は、見えるモノを右脳で見ているのですね。単純化している瞬間は右脳を使っているのでしょうか。

美大のスクーリングでのこと、講師でこられた当時の教授が、私の素描スケッチをパラパラと見て、しばらくして一言「あなたは、動いているモノに反応しているね。繰り返しているモノ、並んでいるモノに反応して、描きたい好奇心が湧いていているね」とおっしゃってくださいました。その一言で、これまで自分の中に湧き起こる絵が描きたい衝動にかられる、この気持ちに対して、一瞬にして得心が行き、整理ができたのです。なぜ私が、絵が描きたくなるのか理由がわかったのです。私にとって美大での学びの中で最も納得のいく忘れられない言葉でした。

その視点で見ると、私はいつも同じリズムで動いているモノに反応していました。それが「いいなあ」と思っていました。山々が、深い藍色から少しずつ変化しながら、連なっている風景、窓のしずくが点々と流れていく様子、ススキがなびいている風景、雲がずっと連なってなびいている風景、波が細かく波打ち際に寄せてくる様、波のうねり、煙の動き、炎のゆらめき、風になびく木々、桜が散る様……これまで油絵で描いてきた作品は、動いているモノに反応して描いてきていました。

自分の体が、自分の感性に反応して、絵を描いていたことに気づけて嬉しく思いました。美大の通信教育でお世話になった佐々木先生（福岡のスクーリングでお世話になりました）。家のこと、仕事のこと、美大のことといっぱいいっぱいでしたが、充実していました。その私の描きたいエネルギーの源泉を見つけてくださった佐々木先生には感謝に堪えません。もう退官されているご年齢と思います。先生に本当に感謝いたします。私のことなど覚えておられないことと思いますが、先生の鋭い直観力で、私は絵を描くことをあきらめずに、今も夢中で描き続けています。ずっと絵が描きたい人間の私がいるのです。

自分の見え方が、誰もが同じように見えるのだと思っていました。それぞれが違う感性を持っていることを知ったのも、その教授の一言です。モノがリズミカルに並んで見えるのも、それぞれの感性で感動が違うのですね。そこにセンスの違いが生まれてくるのです。受け止め方の違いなのです。

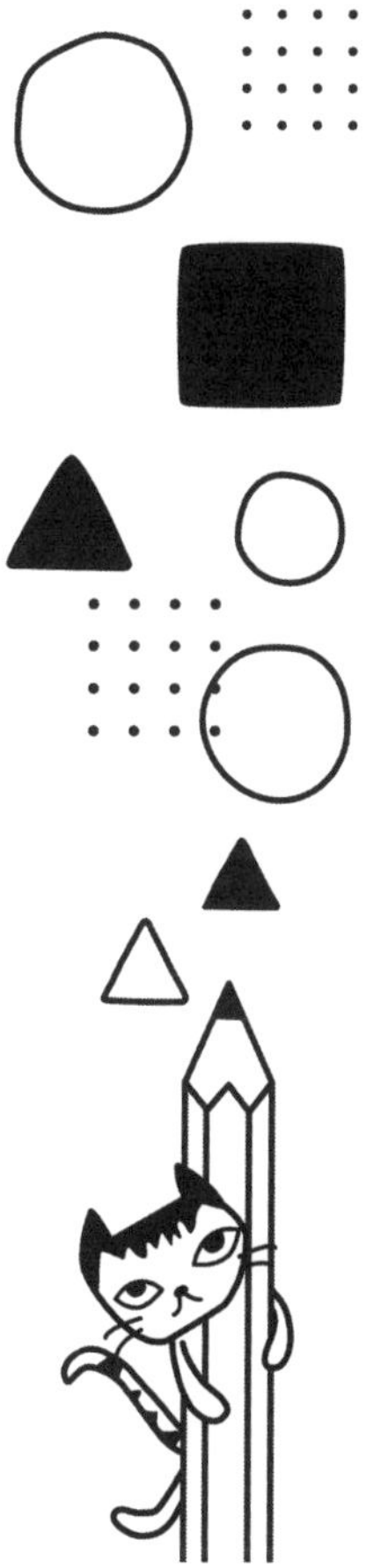

何色が好きですか？

子供たちに「何色が好き？」と聞くと、「僕は、緑が好き！」とか、すぐに答えます。私もすぐに言えますよ。「青色です。ブルー！」２０１６年くらいだったか、絵の展覧会に参加するためにモンゴルに行きました。モンゴルには、ブッタを祈る寺院が沢山あります。そこには、それぞれの寺院の仏像に沢山の青い布が美しく掛けられていました。

寺院のいたるところに掛けてあるのです。不思議な光景だったことを記憶しています。お寺にお祈りに行くと、ブルーの布を掛ける習わしなのだそうです。お礼のように掛けてあるのです。慣習というのは、お国それぞれの背景が見えるので面白いですね。青は崇高な色なのです。イギリスではロイヤルブルーといってイギリス王室のオフィシャルカラーとなっています。ブルーをGoogle検索すると、人が好きな色第1位との結果もあります。海の色、空の色、地球の色、人間にずっと寄り添った色なのですね。だから人は好きなのでしょう。そう、私もブルーが好きです。

生活の中に色を意識してみます。好きな色を決めること、たとえば、インテリアは、いつも赤にしてみようと決めて選ぶと、不思議です。部屋に置いてあるものが、いろいろと赤になっていきます。買い物をするときには、赤を選んでいくのです。絨毯の赤、カバーの赤、クッションの赤の下地、食器は、白にしようと思えば、少しずつカタチやデザインの違う白い食器たち、そうして、身の回りに何となく統一感が生まれてきます。

洋服は、今年は、ベージュを着てみたいと思って選ぶと、ベージュの洋服が多くなります。持っている小物は〝緑〟にしようかなと思うと緑色のものが増えます。どっちを買おうかなと選ぶ時、決めた色の方を選ぶようにしていきます。

人は、知らず知らずのうちに、自分の欲しい色を決めて選んでいます。生活の用途別に、グループ分けをしておくと、色が整理されるのです。知っている人は知っている分類整理です。気に入った小物や洋服を気に入ったまま、思ったそのままに選んでいると、バラバラな印象になってしまいます。

家の中の小物、身の回りの小物、洋服、テーブル回り、生活小物など、色を決めて集めていくと、まとまりが生まれます。私の中の『わける、ならべる』です。子供たちに保育の中で、「わけたり、ならべたり」を意識させるよう

「アート保育」をしていますが、生活の中に普段そのまま、私は使っています。私たちは、普段の生活がすべて、「わける、ならべる」で過ごしているのです。

新しい部屋の準備をしているとき、スタッフの一人が、何もなかった部屋を思い出して、「お部屋が段々レイコさんの部屋になっていくのよね」と言ったことがありました。そんなに沢山家具を買ってくるわけではありません。他の部屋に置いてある家具や小物を色に合わせて、見合うモノを交換したりして探して持ってきて並べて見るのです。

「あそこにテーブルがあったな。そうだ、あのカーペットが同じ色だわ。これと変えてみよう」と頭の中で、色探しをしているのです。その色の小物を見つけた時、同じ色の小物に合わせて置いていくのです。少しずつ統一感が生まれて、彼女の言うレイコさんらしい部屋と言われるのですね。きっと。私は、常に周囲の色合わせや、色探しを楽しんでいるのです。

過ぎた時間、何してきたかしら？

ふと気にすると、あれ？　こんな年齢に！　気が付けば、周りが気を遣ってくれる年齢になっていることに私自身が驚きます。必死で日々を積み重ねてきただけなのに……。どこでこんな時間が過ぎていたのか？

まだ、「何も（やりたいことが）できていないのに……」と思います。今できることを必死で終えてきました。もしかしたら人の一生は、そんなものなのかもしれませんね。同じ時間が、それぞれの人の中で過ぎているのに、その密度は様々です。私自身はどんな人生を過ごしてきたのかと、振り返る頃が来ていることに、不思議を感じています。人生のやり直しはないのです。やりたいことをやらなかった後悔が一番多いとこれも様々な本に書いてあります。

公立保育士という公僕から、自分発信をはじめて、無茶なことを沢山してきました。後悔のない過ごし方をしたいと思って、日々できること、今はじめたいことに集中しています。時間は戻らないということです。やり返し無しです。後戻り無しです。まず時間の無駄をできるだけ省くことを心がけています。

そして疲れ切った自分の取り戻し方を知っていること、いつも次に何をしようかと考えていること、今日できることは必死にこなすようにすること、やりたいことと、認めてもらえることは違います。今の私の知識の中で考えられる精一杯を常に考えていきます。そうするとその次が見えてきます。認めてもらえることも増えて、そうして一歩ずつ進んできました。これから人生120年、どこまで進めるのか？　やり続けて終わりたいですね。欲張れば、その先が見えてくるとやっぱり同じようなことが、自己啓発本に書いてあります。そんな人生に憧れています。

私は、「アート」を土台に、一人ひとりにもっと目を向け、共同体を意識した学校法人の〝小さな小学校〟を作りたいのです。そして、子供が本物に触れて鑑賞できる本格的な美術館、ボストンのチルドレンズ・ミュージアムで見た、子供たちが博物館に溢れる〝子供平和ミュージアム〟をこの町に作りたいと思っています（笑）。

これらの実現はできるでしょうか？　書くと実現できると多くの本の著者たちが言ってますので、思い切って書きました。これからそれを日々の積み重ねの目標にしていきます。この道のりは、ちょっと遠いですかね。でもできると信じたいと思います。

疲れた時の処方箋

いつも回遊魚のようにたとえられる私です。

「レイコさんは、止まったら死んでしまうのよね」とよく笑いながら言われていました。頭の中で、どんどん次々やっておきたいことが浮かんでくるので、一つひとつ片付けているだけなのですけれどね。それは今も同じです（笑）。

私だって、芯から疲れたと思うこともありますよ。そんな時の薬、私は絵とにらめっこしています。だって絵が大好きなのですから。

誰もが一番心地よいところに居場所を求めます。〝ねばならない〟ことばかりの日々に疲れている時に求める場所、と言い換えても良いでしょう。そんな時、ぼーっと空を見ていたり、頭の中を空っぽにしたいと思います。日々のスケジュールに追われて、本当にしたいことやしておきたいことが、進まないもどかしさ、そんな時、音楽をかけ、いつもの椅子に座り、〝ねばならない〟雑用を全部ほうってしまい、描きかけの進まない絵を見ている私がいます。

納得のいかない一枚の絵を見ています。この一枚が無性に気になります。イライラしているのです。ストレスです。その場を逃げ出したい気持ちでその一枚の絵を見ています。すると少しずつ平常心が戻ってきます。すると「あれ？あそこのあの色、変えてみようか！」とふと思う瞬間があるのです。それを逃さず、絵の具を出します。そこで一色描き足すと、絵を描くスイッチが入ります。それからは、時間を超えて、フロー状態、無心に描く時間が来ます。その時間が楽しくやめられない。それが私のストレス発散のひと時です。

みなさんもそんな瞬間ありませんか？　きっと、私は絵ですが、絵でなくて良いのです。そんな心の処方箋を持っていると、心が折れてしまいそうになった時、元の自分に戻れることを知っている自分自身がいると安心してくたくたになれるのです。だから、私はボロボロになるまで、回遊魚のように動けるのです。

「好きなことしてるね」と言われる私の過ごし方

「やりたいことをやり抜きたい」と思う気持ち、本当にそれが実行できるのであれば、それは決して簡単なことではないことを、誰もが知っています。簡単に見えることを継続することは、実は多くの準備の上に成り立っています。やり抜こうとした人はそれを知っています。見えないところの努力があるからこそ、また自分への挑戦があるからこそ、「好きなこと」ができるのです。みんなと同じでは、抜きん出ることはありません。日々、自分の立ち位置を確かめながら、差別化していくことだと思います。

一途に一つのことをやり通すことは、犠牲にしてきたことも多くあるということです。どれを大事に大切にしてきたかが、「好きな事をしているね」という言葉に含まれているのです。

好きなことができる日々に向かって、日々自分をコントロールしていることでもあるのです。様々な自己啓発本に、「今の自分の行動が将来の自分自身を作っている」とあります。どの本にも、このキーワードが根っこの部分に流れています。まず、それらの本には、日々のルーティンを変えるとありました。そこで、まず、私は、テレビを見るのをやめました。

テレビ局に怒られてしまいそうですけれど。テレビを見ないこと、はじめは、とても物足りない感じがありましたけれど、見ないと決めると意外に時間の使い方に余裕ができます。やめてみると、時間が沢山できました。でもドラマや映画は、まとめて、動画配信ソフトで楽しんでいますよ。そして、その次に早起きです。

私は朝の４時起きです。大抵驚かれるのですが、５時起きだとすぐに朝の準備時間が来てしまいます。４時であれば、２時間は時間を気にせず、夢中になれる時間があります。時間を気にしているとイメージが途中で止まってしまい集中できないのです。ふと気が付くと、早朝保育に入る時間7時になっています。時間を全く気にせず、無心に何かをする時間が一番好きな自分の時間です。

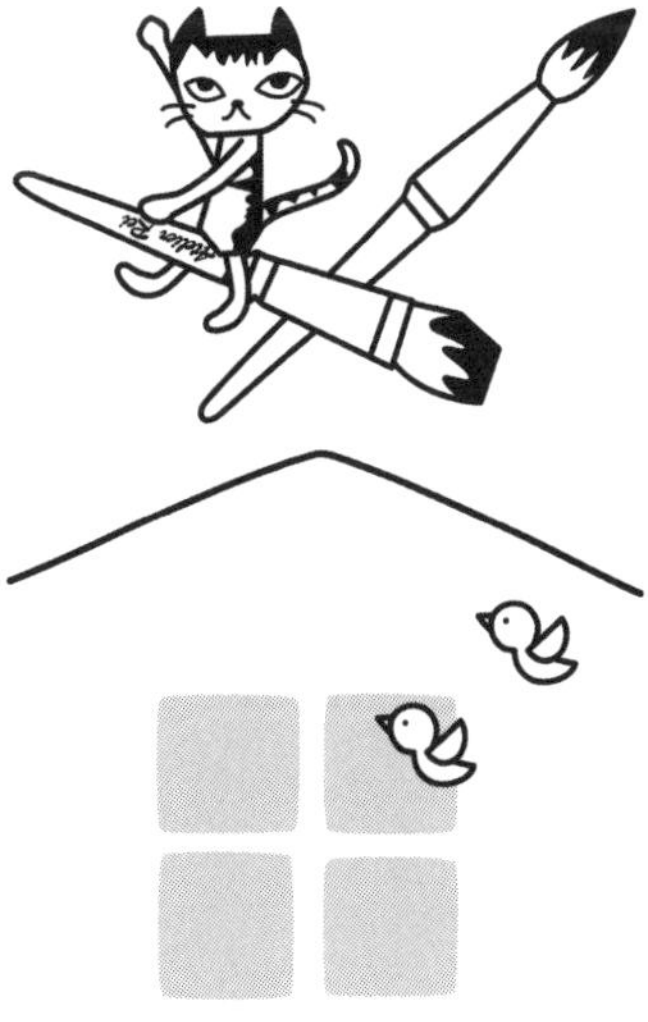

第3章

子供の世界と意識

魔法の会話

子供：「あれ？　あの雲おいしそう！　アイスみたい」
子供：「リュウだね。リュウがいっぱい」
子供：「あれ？　お芋みたい。あ！　お芋に足がはえてる」（そんな風に見えた雲があったのですね）
保育士：「保育園に持って帰ったら。畑に帰っちゃうかな」
子供：「えー！（笑）」

芋掘りを楽しみにしてのお出かけでのお喋りです。子供たちのワクワクが伝わってきます。大人の私たちが忘れてしまっているけれど、ふっと思い出せる幸せになる魔法の会話です。こんな楽しい会話のできる大人になりたいですね。

大人になるとみんなそんなこと言えなくなってしまいます。変だと思われそうなんですね。そんなプライドは脱ぎ捨てましょう。みんな優しくなれます。

子供たちは、その日大きなお芋を沢山掘って帰りました。「楽しかったー!」と満面の笑顔でした。

2歳児の「わける・ならべる」は美意識のはじまり

〝センス〟とは、どのように身に付けることができるのでしょう? 色のセンスがいい人、モノ選びの上手な人、すべてバランスだと思います。センスのいい人は、バランスの取れる人です。自分自身にも、モノにも、分類整理のルールがあります。簡単にいえば、「わけたり、ならべたり」の分類整理です。周囲との関係を見ながら、「色とカタチ、素材」を活かしたバランスをとる、様々な組み合わせの見せ方だと思います。そこにこだわりが生まれ、個性が育ちます。

色をそろえたり、カタチをそろえたり、どこかに分類整理があれば、美しく見えると思います。そこにバランスが良ければ、「あなた、センスいいわねえー」と言われるのです。色の並びが心地よかったり、大きさの並びが、良いリズムで置かれていたり、素材がそろっていて、同じバランスであったり、すると、それが心地よく美しく見えます。そこには、好き嫌いの好みも加わります。周囲と自分を比較する能力も育っていきます。関わりの中から、コミュニケーションも育っていきます。

おおよその美しく見える見え方は、一定のレベルにあるように思います。その見方ができるようになるためには、色に興味を持っていることです。お気に入りを並べて見ることで周囲とのバランスを気にしていきます。いつも心地よさを求めていることで、センスは磨かれていくのだと思います。置いている場所や向きなど、いつも気にしていることで、センスは磨かれていくと思います。

お化粧でも、同じことが言えます。肌の色に合わせての眉の色や濃さ、目の色や大きさに合わせての眉の太さなどを決めていく。これもバランスです。様々に工夫して楽しむことで、お化粧が上手になっていきます。こなれたお化粧は、あか抜けたおしゃれな雰囲気を作ります。自分の特徴を知り、品のある化粧をしている人を見るとセンスいいなあと思いますね。また、それに合わせて洋服を選びます。どこまで行っても、バランスであり、調和です。自分の好きな色だけの組み合わせではバランスがくずれてしまいます。好きな色とその色との調和の良い色、形とのバランスでその人の好みやセンスは違って見えます。好きな色をバラバラに使ってみると、バランスが崩れ、浮いて見えるので、それはセンス悪いとみなされるのです。

口紅が浮いて見えたりするのも、顔の中で各パーツや色と口紅が喧嘩してしまって、浮いて見えるのです。口紅の色が悪いのではないのです。着こなしでも上下のバランスを考えずに、着たいからと思って着ても、好きだから着たけれども、似合わないと思ってしまうのです。その洋服が悪いのではないのです。色のバランスを考えて着ると、お気に入りの一枚になるはずです。すべて、調和なのです。

試行錯誤した経験が多い人は、自分に合っているモノを知っていたり、色の合わせ方が素敵だったりします。そこには、色の好みもあり、経済的なことも関係します。簡単には、センスの良さを磨いていかれない場合もありますね。

クレヨンの色並べをいつもきれいにしてくれる2歳児のY君、彼は、バラバラに混ざったクレヨンを暖色寒色にきれいに分けてくれていました。普段から、色で整理することを意識した保育をしていると、自然に色の不調和が嫌になってしまうのです。これは、躾に繫がります。

普段から、同じ大きさで並べておくのが当たり前であれば、それは、いつもきれいに並んでいるはずですね。

色で分ける、色別、赤色系、青色系、茶系、グレー系、ピンク系、オレンジ系、パープル系など、同じ色の系統を集めて並べる。色合わせが苦手と思っている方は、同じ色の系統（少しずつ違う同系の色）を集めると良いでしょう。そうすれば、まとまりができます、それは、センスの良さに繋がります。合わせるのが苦手と思って、黒を選ぶ人が多いのは、黒は無彩色で色ではないので、一色を選んで他を黒でまとめることはよく見られますね。黒と白で洋服をまとめる人が多いのもその方が着こなしができると思っているからでしょう。そこに素材を意識すると、よりセンスの良さを発揮できると思います。大きさで並べる、同じ大きさで並べる。小さい順に並べる、大きい小さい交互に並べる、規則正しいリズムを持たせる。それが美しい。

自分の好みを作る、お気に入りを作る、そこからセンスはできてくると考えます。センスは、個性です。どこを美しいと感じるかは、実は、個人個人違っています。みな同じであれば、世の中みんな同じになってしまいます。個性が光るという言葉がありますね。いつもの見ている世界と、違ったことが抜きん出ていることを表すと、評価されます。

それが一般に受け入れられると、ヒットしていきます。流行とは、その業界で意識的に仕掛けられて作られていると聞きますが、そこでも大勢の人々が受け入れるかどうかは、様々でしょう。

ノーマルに思えないことが、もしかしたら、世界に受け入れられるファッションになっていく可能性もあるわけです。結果を決めてしまわない、大人が限界を決めてしまわないことが、可能性のある子供の感性を育てることに、繋がっていきます。破天荒な子供の存在ばかりでは、社会が存続できないことも承知です。社会のマナーとルールを学んでいくことに次のハードルがあります。

美意識とは、年代とともに変化していきます。美しいバランスを求めるのは、どんな世界に変わっても、時代を超えて普遍です。

子供たちの「生きた線・心の色」

子供たちの何気ない素描を見たとき、「この絵を見ると元気をもらうわ」と思ったことはありませんか？

また、何が描かれているのかわかりませんが、私は、「かわいいなあ」と思って見ますね。きっとみなさんも、そんな風に感じられた経験があることでしょう。

子供の〝ぎゅっぎゅっ〟と描いた線には、命があるように見えるのです。きっと命が入っているのです。生きている線です。その線には、強さがあり、素直さが見えます。元気が見えます。もしかしたらそんな風に、子供の絵を見たことがないと思われる方もいらっしゃると思います。「え〜？　嘘！　ただの線じゃない」と思って見ないで、どうしてこんな線になるのだろうと思って見てみます。少し、子供の思いに寄り添って見方を変えてみてください。子供は、今持っている表現できる技術をすべて使って懸命に描いています。

子供が、筆を握り思い切って描いた線には、描いてみたいという気持ちが見えます。意欲が見えます。命が見えます。私は、そんな子供の描いた線を〝**生きた線**〟と言います。

二科展での私の絵の講評で、佐伯輝一先生（二科会会員、1908〈明治41〉年〜2008〈平成20〉年）は、私の作品を見ながら、「**生きた線で描け、心の色で描け**」と口癖のようにおっしゃっていました。この「生きた線で描け、心の色で描け」の言葉が、私の絵を描く姿勢での、座右の銘となっています。実は、子供の絵は、**生きた線**がそのままだと思うのです。子供の素描は、いつまでも見ていて飽きないし、通りがかりの人でもほっと笑顔にしてしまう魅力があります。

絵描き仲間（作家活動をしている人たち）は、子供たちの作品展を見に来てくださると、決まってこう言われます。

「わしらも、こんな線が描けたらのう〜（私たちもこんな線が描けたらいいいなあ)」と口々に言われるのです。それは、何故でしょう?

絵を描く人たちは、自分の描く作品の線よりも、この子供たちの素描の線が、生きていると感じているからだと思います。子供の描く線は、邪心いっぱいの我々作家(絵を描く大人全員)の線とは違い、素直な率直な思いが込められています。その素直さが、生きた線を作っているのでしょう。

子供たちは、筆を動かしながら、きっと「これ?　何だろう?」「あれ?こんなになったぞ」「思うようにいかないなあ」なんて頭の中で、考えているのです。言葉にならないイメージがそのまま自然な姿で表れているのだと思います。そんな子供の率直な感動、子供の鉛筆や筆(画材)などを持った時の感動がそのまま、線に表れているのです。そんな線は、**〝生きた線〟**と表現したいのです。

私自身、自分の絵と向き合う時、気持ちが入ってどんどん気持ちよく描けるときの線は、生きているように感じます(独りよがりに見えるかもしれません)。何度も何度も描いても思うようにいかない絵を描き続けていると、線は勢いを無くしてしまいます。そんな線は、見ているだけでも元気がない死んだ線に見えるのです。絵には、気持ちそのままが入っているのです。「うまくいかないなあ。どうしよう」という自分の心の不安が見えてきます。

書家の作品の墨の線は、そう、生きていますね。それです。子供たちは、気合の入った書家の力強い墨のかすれの線に似ています。書家の方は、修行の上、無心となって、芸術の世界に入ってでき上がった作品の中の線ですが、子供たちの伸び伸びとした線は、生まれたばかりの子供の無心の躍動がそのまま線になっています。

子供たちには、大人のような「うまく描きたい」という欲深い気持ちはありませんね。だから子供の絵は見ていると心が洗われるように感じるのです。

佐伯先生の言葉にもう一つ、**〝心の色〟**があります。先生の言われる**〝心の色〟**とは、どんな色でしょう?

たとえば、「雪の絵を描きましょう」というと大抵の子供が白い雪を描きます。でも大人の言葉にとらわれない子供は描きたい色で描きます。ピンクの雪が降ります。大人は、「雪は白でしょ」と言いたくなります。雪は白と思い込んでいるからです。実は、雪は、ピンクや黄色や水色で良いのです。子供がそう思った心の色なのですから。

自然界の色は、本当は、色が無いのです。色に見えるのは、光の当たり方の問題で、色は光の長さでできているからです。遠くの色が青に見えるのも青という色が、一番遠くまで届く光の色だからです。空が青いのも、海が青く見えたりエメラルドグリーンに見えるのも、光の長さの違いですから。

本当は、色なんて無いのです。透明な世界に住んでいる人間の目が、今見える光の長さの色を、本当の色だと思っているだけなのです。ですから、子供がどんな色で描こうと「それは違うでしょ。空は青いでしょ」とは言えないのです。夕焼け朝焼けの空は、オレンジやピンクに染まります。夕方の光の波長が、そう見せてくれます。ですから、子供がどんな色で描こうとそれは、本当なんです。どんな色で描いてもよいのです。色は本当は無いのですからね。子供が描く心の色を褒めてほしい。大人は、大人の目で見える世界を正しい世界と伝えてしまいます。

本当は、子供が見えている世界が正解なのかもしれません。できることなら、子供の表現した色を「あなたは、そんな風に描けるのね。素敵ね」と褒めてあげてほしいと思います。否定しない大人になってほしいと思います。「雪は白でしょ」とは言わない大人になりたいと思います。

絵に飛びつく子供、躊躇する大人

あなたは、普段から、自分自身の思いを表現できる時間を大切にしていますか？　何でもいいのです。いつもアイデアの溢れる思考回路を持っていること、想像の世界や創造の世界で遊べることだと思います。夢見る大人であってほしいと思います。頭で考えていても、一本の線を実際に描くと思っていることとは違います。不思議です。頭で思っているのに、描いてみると、何だか違うのです。そんなものですし、その繰り返しです。それに飽きないで描いている人が絵が好きということなのだと思います。パソコンでは、同じ線が沢山描けますが、人間の描く線は、すべて違います。それぞれの特性であるので、人間の描くアナログ世界を楽しめばよいのです。子供時代はあえて必要ではと考えます。

「いや、こんなのは描きたい絵じゃない。これも違う。そうじゃない」

この繰り返しが面白く楽しいのです。気が付けば2時間近くが過ぎていたりします。フロー体験（集中して、時間を意識せず過ごしてしまうこと）に入っているのです。私にとっては、紙とペンがあれば、いつでもどこでも好きに描けます。絵は生活の側にある、なくてはならない生活の一部と思ってきました。しかし一般の人々にとっては、意外に、絵を描く行為は、いつでもできる簡単なことではないと考えている人が、多いということに気が付きました。

そして自由に発想を広げ、絵を描こうとした時、自由に描くことや思いつくまま描くことが、「簡単に描く」という言葉では言えないくらいハードルが高いと、考えている人が多いということも驚きです。

1歳児さん2歳児さんに、絵の具遊びを準備するとアッという間に飛びついてきます。すごい好奇心です。しかし、成長するにつれ、大学生40名くらいに「絵を描くのが好きな人はどれくらいかな?」と尋ねると、2、3人です。どうしてでしょう? きっと成長するうちに、絵が苦手と思い、好きのハードルが上がってきているのです。絵を描くことは、本当は、文字も言葉も少ない乳幼児期には、自分自身を発揮する最も有効な手段だと思います。決して優劣をつけることではないはずの活動なのです。しかし、「私、下手だから」という方が多いのです。どうしても比べてしまっているのですね。日本人の持っているどこか控えめな、みんな同じがいいという気質なのでしょうか? どこからこの気質は、芽生えてくるのでしょう? 控えめで素敵な一面でもあり、個性を育てることのハードルともなっています。世界が認める礼儀正しい国民(gentleman people)なのですから。もっと勇気を持って自分らしく表現してほしいと思います。

自然大好きな息子の驚くべき14時間

釣り三昧の小学生の息子に付き合った日々、彼の信じる本物を見つけてくれると信じて付き合った日々でした。無駄なことはないと思って過ごしてきました。〝釣りがしたい〟どうしても釣りに行きたい息子。

私の息子ですから、頑固は仕方ないですね。学校よりも釣りがしたい。それをオーケーしたこと、ここが子育ての分岐点だったのでしょう。それに付き合ったのは、ただ我がままだったのかもしれません。海釣りに出かける日々がはじまりました。今思えば、私が付き合いたかったのだと思います。振り返ると私が、息子との時間を楽しんでいたのだろうと思えることです。車に息子を乗せて朝の高速道路を走る。2時間近く、今思えば、それがどこか楽しく面白かったです。

私自身、日々の慌しさや単調な日々の忙しさから抜け出したかったのかもしれません。息子をだしにして、日々の生活から抜け出したかったのです。

自然の空気の中で過ごした日々、どう付き合えば息子は満足して納得してくれるのだろうかと、息子の無理難題に付き合いながら、この頑固な個性はきっと素晴らしいものだと信じて付き合っていました。本当に信じていましたね。

〝好きなことは我慢できる〟は、その頃の息子の過ごし方にそのまま表れていました。家から高速を走って、早朝4時にまだ誰もいない山口の大島の磯に一人置いて帰る親としての不安。夕方、時間休を取り、仕事を終え大急ぎで迎えに行きます。岩場到着は夕方6時、しかし14時間も岩場にいるのに帰らない息子。しばらく待って、帰宅は夜10時、週2回、この海釣りの授業をオーケーしていた私です。

岩場に14時間、これは楽しいでは済まされない大変なこともあったことでしょう。でも、不思議です。自分で決めたことは、できるのです。岩場に14時間、それは、我慢できることなんですね。私には無理です。でも送迎の4時間は頑張れたのです。この本物釣り学校（海）に何年付き合ったことでしょう。

そして〝フィッシングカレッジ〟、そんな専門学校がありました。学校嫌いの息子には、どんなに魅力的に映ったことでしょう。専門学校の卒業式に出た時には、感動しました。

『走ることについて語るときに僕の語ること』（村上春樹著、文春文庫２０１０）の中で、私にとっては、不思議に感じられるこの文章の中に、著者の頑固なまでの、自分中心の考え方に変に共感を覚えました。

ここまではっきり決断できることがすごいと感じました。やり抜くとは、こういうことなんだろうと思いました。息子にも、これくらいの強いやり抜く気持ちを持って人生を進んでほしいと思います。

子供の最初の「自分発信!」

一枚の紙に鉛筆で線を引く、クレヨンで点を描く、絵の具の筆を大きく動かして塗りたくる……そんなたわいもない素描の時間、誰でもできると思います。線を引くなんて簡単と思っているでしょう。しかし、この今描いた一本の線は、その人が自分で生み出した、自分のモノなのです。誰のモノでもなく、自分の創造物なのです。「変なことを言うなあ」と思われるかもしれません。

人は、学習するとき、モデルを持ちます。そのモデルの存在がとても重要だと思います。その〝初めて〟がそれからの人生の土台になっていくのですから。人が〝初めて〟に出会う時、私は、その人が本物に触れ、優れたモノに触れて、それを体に埋め込んでいってほしいと思うのです。

子供の時に〝本物に触れさせよう〟と様々な育児書にも書いてありますし、ビジネス書、啓発本にも同様なことが言葉を変え、同じことが書いてあります。人は、〝初めて〟のモノに触れる時、それを一番の指標とするのです。後から見方を変えようと思うと随分の勇気や努力が必要です。

相当な強烈な印象を、心の変化を感じないと変えることができません。カルガモの赤ちゃんが、初めて出会ったモノを親と思ってついていく条件反応と同じなのでしょう。人も動物も一度思い込むとそうそう簡単に見方を変えることはできないのです。ですから、〝初めて〟に出会うときは、できる限りの選別された最善の準備をして与えてあげることが大切です。ピアノの音色の真ん中の〝ド〟の音。ピアニストが出す〝ド〟の音色と、素人が出す〝ド〟の音色では、明らかに違いがわかります。それと同様です。

初めてのピアノの音色をピアニストから聞いて覚えた〝ド〟の音と少し前にピアノを習い始めた人から聞いた〝ド〟の音色は本当は全く違う音色です。そんな違いが世の中には沢山溢れているのです。世の中には子供たちに、触れさせたい本物の色やモノ・素材とそうでない色やモノ・素材があると思います。その一番の見分け方は、自然の色やモノ・素材が本物であるとして、それらは、本物だろうか、どうだろうと考えて見ることです。実は、世の中には、触れてほしくないモノに溢れているように思います。少々ややこしくなってしまいました。

紙と鉛筆の話に戻りますが、子供の素描は、子供が自分自身でモデルを持たず作る最初の自分発信だと思っています。ですから、その人・その子の初めてに出会う時、指導というカタチで任された時、私で良いのだろうかと不安になります。その人・その子の本質のところの土台に入り込んでしまうのですから。

絵を描くことは、創造することの初めての行為だと思います。ですから、私は安易に描いてみせることは、その人の持ち味を壊してしまうと思ってモデルを見せることができないのです。私よりもっと素敵な感性をつぶしてしまうのではと感じているからです。その子の持っている感性を育てたいと思えば、その子の感性で選んだモデルから学びがはじまることが大切だと思います。そこに指示や命令があるとみんな同じ絵になってしまいます。そこに気が付かない指導者が多いのです。みんな教えたがります。描きたい絵は、本当は自分から描くものなのです。

「RINNE 輪廻　2024」

第4章

色と光とカタチの世界

雨と光

9月、前述のイエナプラン研修のためオランダのアムステルダム空港に降り立つと、外は雨でした。硬く冷たい寒色のコンクリートの地面が、朝の5時過ぎの光の中、私には美しく見えました。雨が降っています。ダークグレーの地面に、金色の飛行場のライトの光と濃いグレーの地面とのコントラスト、きれいです。作られた光ですが、雨とライトの不思議なコントラストは、素直に美しいと思いました。〝感じる〟って、こういうことではないかしら？　心が無になっている時間、ふっと感じています。そんな目をいつも持ちたいと思います。もしかしたら、全く気にならない人の方が多いかもしれません。「雨か、面倒だな」と思う人の方が多いかもしれません。「なんて面倒なことに気が付くんだ」と思う人もいるのではないでしょうか？

人は、自分の見たいようにどこかにフィルターをかけて見ています。見ようとしなければ人間の目は、都合よく見えないそうですね。思い込みという言葉でも表せます。「見たくない」と無意識の私が決めると見ないで済むということです。

子供は、フィルターはかけません。子供の素直なつぶやきが素敵なのは、心が無だからでしょう。私は、子供の目を持ちたいです。今の私は、素直に見える私の目を持っていると思います。雑多な世の中の本物の美しさが見える感動する目を持ちたいと思います。

早朝、家の2階にある私の部屋から遠く瀬戸内海が見えます。四季を通じて朝焼けの日、ほんのりピンク色になって明けていきます。薄暗い中の濃いグレーの海と金のコントラストの瀬戸の海が、朝焼けに輝いている時間がありま す。大好きな光る海です。光る海が見えた日、「今日はラッキーな日だな」と一人でほっこりします。光の色、画面が切り取られたように見えます。一枚のアート作品のようです。日々、目を向けると、様々な場面にアートの抽象画がありま す。空の雲、煙、水の流れ、海の波、葉っぱの重なり、モノとして、色とカタチとして見方を変えると、それは、どれも切り取った「アート」です。見方は人それぞれです。写真や洋画でこの光る海を描いた作品に出合うと、この人も光る海が好きなんだと嬉しくなります。見まわすと、光と薄暗さの空間は、自然の抽象画の世界です。

ママと雨のどっちが好き？

レイの保育園、秋らしくなったある日、雨が降りはじめました。3歳児のO君は、ママが恋しくて涙が止まりません。お庭に出ると雨が降っていました。長靴を靴箱から自分で出してO君は、お外に出ていきました。私は、O君に寄り添い、彼に傘をさしながら、一緒に園庭に出ました。庭の夏の日よけテントの端から、雨粒がぽたぽたと落ちてきています。O君は、とことこと、お庭を歩いていましたが、足を止め何かを見つめています。興味深い様子で眺めています。テントの端から流れる光る雨粒を、手のひらに受け止めて、感触を確かめているのです。「水道のお水みたいね」と声をかけ、雫の下にプラスチックのバケツを置きました。アッという間に5センチくらいの雨が溜まりました。O君は、不思議そうにしばらく見つめていました。恋しいママへの気持ちは、もうどこかへ消えて遊びはじめていました。

雨粒を見て、アートの目（感じる）と科学の目（考える）を私もぼんやりと感じながら、彼のお話し相手をしながら、感じたり、考えたりを行ったり来たりしていました。そんなひと時が実は一番素敵な時間なんですよね。

アートの目と科学の目（子供の目線）、光る雨粒、雨の色は？　流れる雨、垂れる、溜まる（バケツに溜まる）、増える（バケツの水量）、雨とバケツの水は同じ？　雨……濡れる、空から降ってくる。

「なぜ?」「変だね」そんな問答しているうちに「おやつ食べる?」「うん」その時間はほんの15分でした。納得とはいかない矛盾だらけのやり取りですが彼は、泣くのを止めて、自分で保育室に入っていきました。雨だって、このように、アートの目で見たり、科学の目で見たりすることができます。

日々の関わりの中で、ほんの数分の中で、子供は「アートの芽」と「科学の芽」を育てるきっかけを体験したのです。ＳＴＥＡＭ教育ですね。

保育園では、子供たちの感性と知識を自由に受け止めることのできる保育、そんな関わりのできる保育士の集団になれるといいなあと思います。それには、保育士のリベラルアーツ（一般教養）の幅広さが必要となります。ほんのひと時の出来事ですが、彼にとっては、学びがいっぱいのひと時でした。ママへの恋しさよりも、雫の不思議な雨粒の方が魅力的のようでした。そしてママを忘れるきっかけになりました。

木の色と光

オランダでのイエナプランの研修センターでの朝、まだ外は暗い時間。オランダでも、私は、やっぱり一番の早起き！です。大きなキッチンには、オレンジ色のライトが点いていました。この色がいい。日本だったら、「レイコさん、暗くないですか？」と気をきかせて、蛍光灯を点けてくれていることでしょう。日本は明るすぎます。研修センターのキッチンのこのオレンジ色の光の強さが、心地いいんです。ほんのりオレンジの色に照らされた、重厚な木のテーブル、床の張の板に影が映ってホッとした空間になっています。観葉植物がいたるところで、元気に育っている。オレンジの光、木のライトブラウン、オフホワイトの棚、透明のガラス、観葉植物の深い緑、少しずつ白んでくるブルーグレーの空、私には沢山の色が見えました。この色、懐かしくホッとします。ぼんやりのんびりとコーヒーを準備します。一人ひとり起きてくるメンバー、ほんの数日間のご一緒のメンバーさんたち、でも何だか起床の順番が同じで笑ってしまいました。

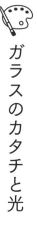

ガラスのカタチと光

私は、もしかしたらモノを抽象化して見る癖がついているかもしれません。風景の建物や自然のカタチを○や□に分けて一つの模様のように見るのです。だからきっと、□が大きく小さく並んで見える、リズムを感じて見えるのです。それを面白いと感じているのです。実は、みんながそんな風に見えると思っていました。しかし、そんな風に面倒には見ていないようです。どうもそうは見ないのが普通の見方のようです。人はそれぞれ見え方が違っているんですね。私は、自分の都合の良いようにしか見ないということがきっと強いのですね。子供のように、見えるままを見たいというのももしかしたら、私の思い込みなのかもしれません。でも、〝色とカタチ〟で見るスイッチを持って見てもよいのではないかと、そんな風にも思うのです。

先日のオランダの研修施設の木造の落ち着いた部屋の中、天井のライトの

◇、窓ガラスのデザインの○、部屋を区切ってある大きな四角◇の窓ガラス、その窓ガラスのブラインドのシマ模様、電灯が一定の間隔にぶら下がった○、窓から見える深い緑の木々の△、私は、部屋に置いてあるモノを〝色とカタチ、素材〟で分類してみます。そんな風に見るのは、私にとって自然で普通のことなのです。光っている窓のガラスが、キラキラした□に見えます。丸い窓のガラスが丸い光に見えます。もしかしたら、右脳で見ている世界なのかもしれません。

感覚で見ている世界です。「それ、窓でしょ」って言われたら、その世界が消えてしまうのでしょう。

武蔵野美大の通信教育で、制作ノートを見ながら、教授に分析してもらった私の感じ方。「モノが並んでいることや繰り返しているものに、感動しているね」と教授に教えていただいた時から〝見えるモノを、リズムを感じて、カタチに置きかえる〟ことで、制作意欲が出ることを知ることができました。それは美大に行った大きな収穫でした。

私自身、何に反応しているかに気づくことができるようになったのです。今の私は、○△□の並びにリズムがあれば、興味が湧くということを知っています。だからそろえることに関心が深いのかもしれません。

海の渦と光

海の波、そして渦、海面に模様を描いて流れていきます。渦は、ぐるぐると渦巻いて光を巻き込み回っていきます。私は、その光と波が渦巻く様子が好きです。同じリズムで繰り返される波、それを風呂の中で、手で湯をかき混ぜて作ります。同じように面白い波が生まれます。そして波の渦が見たくて繰り返し渦を、手を沈めて作ります。それが面白いのです。繰り返される波のリズムに描きたい意欲がそそられて、何年もその感動をイメージしながら渦をテーマに絵に描いていました。今でもよく海を見に行きます。そしてお風呂では、渦のイメージを思い出すために、何度も何度も手を沈めて、渦の動きを確かめて動きの面白さに夢中になっていたことを思い出します。子供たちが水溜まりに長靴でバシャバシャしているのと同じ好奇心です。

そのぐるぐる回る波の渦の明暗の模様は、それはそのまま繰り返しのリズムをしているバラの花びらにも重なりました。バラの花びらの重なりは、渦と似ています。バラの花は中心に向かって、渦を巻いて重なっています。そんなバラに魅力を感じて絵にしていきました。花の絵というよりも、反応していたのは、バラの渦のような花びらの重なりからです。見えたカタチのリズムの感動は、沢山の渦の絵を描き、そしてバラの作品にもなっていきました。バラの作品は、好きな青色を使って、モンゴルで見た崇高な寺院の布の青と重なり、青いバラの作品になっていきました。「しあわせを呼ぶ蒼いバラ」です。私の中では、渦巻く波も、バラの花びらの重なりも、同じリズムの繰り返しに反応している感動が発信なのです。

第5章

レイで実践していること

海外の一教育、レイでの教育

先日、学会で出かけて見学させていただいた、タイの幼稚園・小学校では、自然豊かな中で子供時代を育てたいので、家族でそこの地域に引っ越し、子育て中は自然暮らしをする家族もおられるという、お話を聞きました。みな、生活にゆとりのある人たちのお子さんたちとのことでした。

その学校は、タイの自然豊かな場所に校舎を作り（そのようなエリアになっているということです）、自然の中で様々な体験をすることができます。子供たちが体中で自然を浴びながら、学校生活を送ります。その子供たちは、将来、会社を背負っていく経営者の二世たちが多いとのこと。今この子に必要なことは、自然の中での感性を育てることなのだと考えていると聞きました。自然の中で育てたい重要なモノがあるということをこの子供たちの親は知っているということです。

世界の企業をリードしていくトップの人たちは、自然がすべての学びの師であることを知っています。ですから、企業の生き残りのため、子供時代に、自然豊かな場所で、活き活きとした感性を育てる教育が必要と考えられているのです。このような進んだ教育が進められていることを知り、感動しました。

私は、「アート思考」が育つ環境を作るための、教育のカタチが必要と考えています。限りなく子供の発信（想像や創造する思考）を止めないで、学びの場を作れる環境です。レイの最も大切にしている保育の土台は、「アート思考」の育ちです。

日本では、１＋１＝2と、答えは一つですが、海外では、１＋１＝？　で答えは一つと考えません。どうしてその答えなのか、「答えは一つではないことを指導する教育」をしていると何かの本で読んだことがあります。

子供の思考の自由度を、限りなく広く設定します。思考の自由度とは、子供の破天荒な発想を受け止めることです。様々な方法で、〝やってみたい〟を達成できるよう保育士は助けていきます。最小限のルールの中で、学びの場を作っていくことができればよいですね。「アート思考」的思考回路を育てる遊びの活動です。

こう聞くと、でたらめの放任保育となりそうですが、そうではありません。子供の好奇心を大切にしながら、しっかりと話し合いながら、活動を進めていきます。

レイでは、「音遊び」と称するお絵描きの時間があります。音楽を流しながら、自分から絵を描きたい気持ちを大事に描きはじめる描画です。様々な画材を準備して、使いこなし慣れて繰り返し遊んでいきます。そのうち、お気に入りの場所を自分で決め、絵のテーマも、一人ひとりが決めます。「自分で決める」。これは絵を描くことで一番大切にしていることです。描画は、何も描いていない〝0〟から、自分から描くことで〝1〟になるを学ぶことができるのです。子供たちは、自分の絵に自信を持ち堂々と描きます。この「音遊び」

は、時には、生のピアノとトランペットの演奏だったりします。その日は、子供たちのリクエストや季節の雰囲気のアドリブ演奏からはじまり、絵を描く子供たちと音楽家とが時間を共有し、一緒に遊びコラボレーションした楽しい面白いひと時になっていきます。

子供たちは、自由に画材を選び、室内での自分の居心地のよい場所を選びます。すぐに絵を描きはじめなくても、描きたくなったら、描きはじめます。はじめから、飛びついて描きはじめた子供と、あとから描きはじめた子供では、15分から20分の差があります。

絵を描いてる子供たちを見ていると、はじめの一本の線を描くために、どの色を選ぶか、筆はどれにするのかと、一つひとつ選ぶところからはじまります。そして画用紙のどこから描くのか？　と、見ていると、心の動きが目に見えます。

子供たちは、あの手この手で描き進めていきます。それを楽しみます。はじめに、絵の具で描いていると、途中からは、クレヨンやマジック、鉛筆に変えて描きはじめたりします。そして、それぞれができ上がりを自分で決めます。「でき上がり！　おしまい」と告げ、自分の片付けがはじまります。

絵を描くとき、「さあ描きましょう！」と子供たちに何げなく言っている指導者がほとんどです。しかし反対に「さあ、描きましょう」の声かけがなければ、子供たちがはじめないことを知っていますか？　いつの間にか、絵を描くことも「描きなさい」と言われなければ描きはじめられない子供たちが多くなっています。絵は指示されて描くものでは本来ないのです。描きたいから描くのです。「描きなさい」と命令になるから、絵が嫌いになっていく子が多いのだと思います。子供たちが宿題をいやいやするのと同じになっているのだと思うのです。

絵の大好きな子供になってほしいと思います。

準備をはじめるところから、終わりまで、はじまりとおわりを自分で決定するこの「音遊び」は、様々な決断と発想の展開を遊びとして、子供たちは、一人で決めています。それは、本当に見ていると小さな行動ですが、この小さな決断の繰り返しや、絵を描くイメージを自分で進めていくことは、すぐにできることではありません。日々、「どうしようか？　どれにしようか？」と考える子供が育ちます。それが、レイの「アート思考」の芽生えだと考えています。

レイでは、絵を描く２Ｄ（平面）の世界を、進めています。３Ｄ（立体）より、２Ｄ（平面）の方が、子供が持っているイメージを表現できると考えています。それは、絵は、抽象的な表現で思いを描くことも可能だからです。

何を描いてあるかわからなくても、子供の頭の中で思っていることを、感覚的に受け止めてあげることができるからです。受け止めてあげたい保育士はもしかしたら理解不能でしょう。受け止めてあげられることが最大の指導です。「あなたの表現でいいのよ」を言葉やボディーランゲージで、ＯＫオーラを出してあげるのです。

子供の表現した色やカタチ、描いている大きさや構成、筆の勢いや動きのリズムなどから、子供の自由な思いや発想、感動を受け止めることができると考えます。

そうすることが重要と考えるのは、私が絵描きだからかもしれません。描きたい、描くのが面白いと感じるモチベーションがなければ、絵を描き続けることはできないことを、私は知っているからです。

はじまりとおわり

わが保育園、「アトリエＲＥＩレイこども舎」での絵の描きはじめに、「さあ、これから絵を描きましょう！」とは声をかけません。画材の準備をしています。「描きたくなったらきていいよ」のスタンスです。〝自分の意志で描きはじめをすること〟絵を描く環境設定の中で、一番大切にしていることです。ほとんどの保育園・幼稚園では、絵を描く環境は、先生が絵の描きはじめを指示しているといっても良いでしょう。でもそれは、子供の持っているイメージを壊しているように思います。描きたい気分はみんな一緒ではないのです。

「さあ、描いてください」。これは、禁句です。

時には、「大きく描いてね」とカタチの指示をして描きはじめることもよく見られます。それでは、子供一人ひとりの意欲を失わせているように思います。なぜなら、一人の子供は、小さな部分から描きたいと思っているかもしれないのです。またそれは、その子の絵を描く準備ができていてもできていなくても、はじめなければいけないのです。

それでは、準備のできていない子は、先生にせかされて絵を描かなくてはなりません。それは楽しいことでしょうか？　きっと苦痛だと思います。描けない子供がいるのは当たり前です。先生に付き合いたくないからです。

レイでは、絵を描くときには、音楽をかけます。そしてテーマはほとんどの場合自分で決めます。絵のテーマといっても、全体には、テーマがないのです。それで、子供は絵が描けないかというとそんなことはありません。自分のタイミングで描きたいものを自分の選んだ画材で、描きたい場所で描きはじめます。しかし、いつもテーマが違っているわけではありません。みんなで決めたテーマで一緒に絵を描くことはあります。それは、みんなの納得の上でのことです。

この絵を描くスタイルは、絵描きをしている私のスタイルからです。私はいやいや絵を描いてはいません。描きたいから描いています。

絵を描くときの音楽や音は、クラシックが多いのですが、子供の希望でリズミカルであったり、静かだったり、また、保育士が季節に合った曲を準備していたりと、曲も様々です。時には、季節の擬音（花火の音、水の音、風の音、海の中、他）なども流れています。

絵を描く準備に必要な画材（イーゼル、机、椅子、絵の具、画用紙、パレット、筆洗、筆、クレヨン、マジック、色鉛筆）は子供たちが遊んでいる時間に静かに準備して置きます。朝の集まりのサークル対話の時間が過ぎ、音楽を流しはじめます。子供たちは、それぞれが、自分のタイミングで画材や場所を決め、絵の準備をはじめます。

しばらく他の遊びをしていて、周囲の友達が絵を描いていても、気にせず、カード遊びや積み木遊びをしています。それでもその遊びを終え、絵を描きに入ってくるのです。このスタイルは、今は定着しています。

絵を描くのは予定された日であったり、身近に描きたい時間であったりします。夢中になっているものが、きっとその子供のテーマとなっているはずです。やりたいことを楽しいことを絵にしたいと思っているからです。心の表現が色やカタチに表れる心理の考え方がありますが、ここでは、心地のよい時間に浮かぶものがテーマです。

長く集中して**音遊び**（園ではこう呼んでいます）が過ぎていった時、一番初めに飛びついて絵を描きはじめた子供と最後に絵を描きはじめた子供では、30分以上の時差がある時もあります。子供の気持ちに寄り添い、見守り、声をかけずにその子のタイミングを待つ保育士の共通認識が必要です。

つい声をかけてやらせてしまうこともこれまでもありましたが、子供の思いや表現、意志を信じることができれば、子供は自分で行動を起こすのです。

私が、保育園の絵を描くという2Dの絵を描く世界を大事にしているのは、この紙と筆（画材）があれば、子供のつぶやきが見ることができるからです。子供の思いを見ることのできる一番はじめだと思って大切にしていることです。もしかしたら、ここが根っこの部分かもしれません。

「子供の気持ちを分かってあげようよ」という、絵を描く同じ仲間としての私から伝えたいことだと思います。きっとその絵を描かせる設定では、自分の気持ちがともなわないまま絵を描く状態なので居心地が悪いだろうなあという思いから、保育士の絵の準備や声かけや絵を描く設定を見ています。保育士からみれば、「早く描いてくれればいいのに」というイライラが聞こえてきますね。

家庭に置き換えると、子供のもたもたした行動にイライラしてしまい、手をかけすぎてしまうお母さんを見ることができます。じっくり待つなんて、なかなか我慢できないところでしょう。つい様々な場面で声をかけてしまっていますね。

「ごはん、早く食べなさい。早く服を着なさい」指示待ちの子育てです。子供の〝自分でやりたい〟を育てていなくて子供の成長を信じてあげていないのです。実は私も同じような親をしていました（笑）。見えていないのです。お母さん自身も子育ての初心者ですから仕方ありません。

絵を描くときには、こんなに我慢できるのにおかしいですね。絵を描くことに置き換えると、よく見えます。知らず知らずのうちに、生活の中の子供自身の育ちを奪っているのです。

様々な職場でも、同じことが言えます。指示されなければ、何もしないで待っている人たちです。この人たちには、少々疲れます。責任を持ちたくなくて言われたことをするほうが楽だし、安心と思っている人たちです。

「自分で考えて動いてよ」って思います。そんな人は、仕事を任せてもらえませんし、任せてもらいたくないと思っている人です。責任を持たされるのが嫌な人です。人生を前向きに過ごしたい人には、なれないと私は思います。

しかし、世の中には、一緒に行動し、それができなければいけないこともあります。言うなれば、人に寄り添い、合わせることのできることも必要です。ですから、自分のタイミングで行うことが、すべてというわけではありません。

学校のチャイムが、授業のはじまりの合図であるのが、日本では普通です。海外では、時間をみて休憩時間か授業時間か自分で判断して行動している姿がありました。素敵だなと思いました。私の見たオランダでのイエナプラン教育の小学校です。

レイでは、絵を描くときに、その子のやりたいタイミングを自分で決めることを大事にしています。それは、生活の中の様々なところで活かされます。チャイムのある学校のように、みんなと合わせなければならないことがあるのも事実ですから、できる限りということです。常に、自分のタイミングを自分で決める習慣をつけていれば、自分の行動に責任を持つ子になります。それが幼児期に身に付けることができるのは、とても大切だと考えます。それと同様に、「これででき上がり」「おしまい」が言えることも大切です。はじめとおわりを自分で決定できる子供が素敵です。絵を通して、言葉も文字も未熟な幼児期に、それ（自己決定すること）を学ばせることができると考えています。

アートで子育てアートで町づくり

ある時、ご近所の古いお宅から、古い品々を整理されるのに、保育園に着物を沢山いただきました。保育園の子供たちが神楽に夢中なので、着物で衣装が作れないかとお声をかけていただきました。そうしたら、本当に沢山いただきました。美しい小袖など買われた時の値段を想像すると信じられない品々です。古民家のお宅で、大切にしてこられた着物の趣を子供たちにも感じてほしいと思います。忘れさられてしまいそうな、古き良き時代を、どこか肌で感じる子供に育ってほしいと思います。

古いお宅には、新築のおうちでは見られない、本物が沢山あります。小さな町の中で、古いもの（本物）と若い世代との橋渡しがもっとできるといいなと思います。絹の着物を、神楽ごっこに、もったいなく贅沢に使っています。

絹の肌触りの感触、ポリエステルの薄さとは違います。きっと遊びの中で、無意識に体が、絹の感触を覚えて大きくなっていくことでしょう。くださったおうちの人は、箪笥に眠っているよりも、子供たちに活かす方法を選んでくださったのです。箪笥から持ち出すとき、これまでのその着物の思い出を振り返られたことでしょう。子供たちは、本物の肌触りに触れ、モノを大切にすることも同時に学んでいくのだろうと思います。

日本には、世界の人々が憧れる〝和の文化〟があります。世界中の人たちが憧れているのに、若者世代や子育て世代は、世界が注目している日本の凄さに、無関心のように思えて仕方ありません。

日本の色の美しさを、子供たちに意識させていないようにも見えます。アニメーションで日本の国をテーマにした様々な作品が大ヒットしていますが、作品を制作する側は日本の美をご存じだからなのでしょう。しかし、アニメーションの世界から日本の美を知るのではなく、もっと身近な日本の本物に触れて、本物を知って成長してほしいと思います。子育て真っ最中の世代に〝日本の美〟と言ってもピンとこない雰囲気があります。「美しいのは知っているけど……」という感じでしょうか？　どうやってそれを伝えたらよいのかと思われているのではないでしょうか？　そこを伝えていきたいと思います。色の美しさを伝え、カタチの美しさを、身近に感じる機会を作り情報を伝えたいです。

〝見せる触る〟環境づくりです。着物をいただいたのも、これに繋がります。

私は、日本のお祭りのあの雰囲気が好きです。お祭りの夜店、私が育った町の大頭神社（廿日市市大野地区）の秋祭りは、子供のころからとても賑やかでした。神社の豊作を祝っての秋祭り、夜頃（祭りの前日の夜のこと）には、和太鼓（安芸大野烏神《うじん》太鼓）の演奏、夜遅くに神楽の舞、神社までの参道は、沢山の夜店屋台がでていました。

金魚すくい、たこ焼き、二重焼き……その参道を親に連れられ歩くのが楽しみでした。帰りには、「何を買ってもらおうか？」と目をきょろきょろさせながら歩いたものでした。

「お参りするまでは、買い物はしない」がルールでしたね。翌日には、今度は友達と出かけます。おこづかいをお財布に入れて、いそいそと行ったものです。小さい時は、振袖を着せてもらっていました。

きれいなので嬉しくて着たいのだけれど、着てみたものの帰りはくたくた、草履は石のように思えましたね。そんな思い出のある日本ののどかな祭りは、今も大事に受け継がれています。娘や孫たちを連れて歩くとその頃の思い出がよみがえります。やっぱり、今でも金魚すくいが一番人気のようです。今も昔も変わらずの風景です。

そんな日本の風景、日本の色には、日本独特の美しさがあります。神社の飾りや色使い、〝和の色〟、それに気づくことは、自然に身に付いていくのでしょうか？　アニメーションというカタチの中で、体験して伝えていくことができるのでしょうか？　着物の美しさやしなやかな肌触り、絹の上品な色、そんな色は、本物を見てないと受け継がれないのではと思います。

日本の色には、美しい名前が沢山あります。うぐいす色、もえぎ色、あずき色……そんな日本の美しい色の文化をもっともっと幼い時に、心の根っこの部分に目に焼き付けて大きくなってほしいのです。無意識の中に溶け込んでほしいと思います。

先日、タイに出かけて、視察させていただいたタイの私立のインターナショナルの一貫校（幼稚園から大学院まで）では、タイの文化を体験する、機織りや染もの、民族楽器を学習するとても立派なアトリエ施設（木造建築の美しい施設でした）がありました。そこでは、無心に学べる空間が準備されていました。本当に民族に誇りを持っているお国柄だと思いました。とてもうらやましく思いました。

日々、日本の子供たちにも、もっと意識して日本の色やカタチに触れてほしいと思います。和の美しさを日々の生活の中に取り入れて、遊びや生活を大事にしていきたいものです。古いおうちでのいただきもの（木彫り、木目込み人形、花器等）は、季節を変え場所を変え、子供たちの目に触れる新しい居場所づくりをしています。世界の中の日本の色に誇りを持って成長してほしいと思います。世界中の人々が憧れる日本文化です。

私は、レイの中で、毎年大切にしている活動があります。2園あるレイは、どちらも世界遺産の宮島に30分前後で行ける場所にあります。世界に誇る宮島に、卒園前の年長児を連れて、お別れ遠足に行きます。日本の文化を肌で感じてもらいたいと思っています。厳島神社、宝物館だけでなく、欲張れば、五重塔、大聖院を元気に歩いていきます。子供たちの心の目の奥に何が届くのでしょう。大切な思い出として刻んでほしいと思います。

宮島以外にも、日本のあらゆる地域で、歴史を感じられる美しい風景に触れることができます。その一つといえる能登半島は、大震災で今まさに災害支援の真っただ中です。信じられない出来事が続きました。何もできないもどかしさを思いながら、まずは支援金を募金いたしました。その中で、輪島の朝市が全焼とのニュースが流れました。日本の歴史の生活文化に触れる場所、世界中の人々が残念に思われたことでしょう。きっとこの文化はいずれ復活し受け継がれていくことと思います。

災害に遭われた方々の一日も早い復興を願います。

第6章

日々徒然《つれづれ》、ふと考えること

家族について改めて考える

この頃、よく見かける家族の姿があります。家族旅行やロビーでの待合時間に、子供に動画を見せているお母さんやお父さんの姿です。子供も楽しく見ているのですから、問題ないように見えます。だからいいのでしょうか？

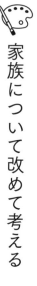

退屈な時間を有意義に過ごす方法、あなたは何が思い浮かびますか？　ほんのちょっと昔であれば、お気に入りの絵本を数冊とみんなでできるトランプやUNO、すごろくゲームなどのカード遊びの数種類を旅行鞄の隅に入れて出かけたものです。子供は親にねだって、絵本を読んでもらったり、しぶしぶゲームに付き合ったりするお父さんがいましたね。

家族旅行の目的は、普段なかなか一緒にゆっくり過ごせない時間を取り戻す家族の親睦です。喧嘩しながらも、旅行を終えた思い出も懐かしく思います。振り返れば、家族の関わりが深くなったひと時だったと思えるはず。せっかく出かけた貴重な家族の時間なのに子供にＩＴ機器を与えっぱなしでは、それぞれの部屋で過ごすときと同じ、いつもと同じになってしまってもったいないなと感じます。今は、動画受信できるＩＴ機器さえあれば、どこに出かけていても見ることができます。それは楽しい旅の非日常でしょうか？　家族で出かける意味は何だったのでしょう？　それでいいのでしょうか？

リンゴは赤い？

「リンゴは赤い」と言った瞬間、リンゴの微妙な赤が見えなくなってしまうと老子の教えがあります。〝リンゴの赤〟と言った瞬間に、リンゴの微妙な赤が見えなくなってしまうのだと言うのです。実際リンゴは、絵の具の赤と同じではありません。本当のリンゴの赤は違いますね。つい、「リンゴは赤い」と思い込みの赤を言ってしまいます。でもリンゴは、黄色っぽいところもあるし、茶色の部分もあります。

しかし、「リンゴは赤い」と言ったことで、すべてのリンゴが一色の赤いリンゴとなってイメージしてしまうのです。そんなことはそれほど問題ではないように見えますが、それは、重大な一言なのです。「リンゴは赤い」と赤とリンゴを同じとしてしまうことで、リンゴのリンゴらしい色が見えなくなってしまうということです。

それを老子は、世の中のモノの見方にたとえたのです。真実が見えなくなってしまうというたとえを言っているのです。

老子は、それで人間が良く生きるには、「感性を育てればよい」と言っています。老子は、老子という一人の人ではないそうですね。沢山の知識人の言葉がまとめられて老子と呼ばれていると記憶しています。気になる方は、調べてみてくださいね。その昔、「感性を育てる」という考え方があったということに、驚かされます。〝感性を育てる〟は、昔から人の育ちに不可欠な課題なのだと気づかされました。人が活き活きとした感性が育っていく、それを、「仁」

と老子は言っています。この話は少々難しくなるので、老子の教えをオーディオブックなどで、聞き流しすると何となくわかるような気がしますよ（これは、私のお薦めです。最近、聞き流しのオーディオブックが大好きです。自分に必要なことが耳に入ってくるものだというくらいで、聞き流しています。オーディオブックは、何度でもスイッチを入れ直して聞けるのですから、気軽です。ぜひお試しくださいませ）。

絵が描きたくなる時はいつ？

絵を描きたくなる時はどんな時だろうと考えました。次の絵の構想を練っている時間、頭の中で、イメージを膨らませている時間が私は大好きです。大きなキャンバスだったり、小さなスケッチブックであったり、白い画面を目の前にすると、ワクワクします。描きたくなる瞬間がきます。きっと子供たちと同じ気持ちでしょう。

「やってみたいな。これを使ったらどうなるだろう？　そうだな。この色を使ってみたら、面白いかもしれない。よし、これでいこう！」まずは頭のキャンバスに描きます。

次に絵が描ける時間を確保しなければなりません。時間は作らなくてはできません。待っていても描く時間はできないのです。ではいつ？　私は朝です。体も気持ちも元気な朝が最高です。描きたくなるには、描こうという気持ちが乗っていなければ、描く気になれません。

野球のイチロー選手が、現役の頃試合に出る前に、カレーを食べていたという話はとても有名ですが、それと同じだと思います。描きたくなる雰囲気、ルーティンを作ることです。そうすることによって、気持ちが〝絵が描きたい〟にシフトしていきます。私は、それを「音楽」でします。音楽を創作に使っている作家は多いですね。音楽は、現実の世界と分離してくれるように思います。

朝の目覚めの時間、まず音楽をかけます。私は、クラシック音楽です、お気に入りのピアニストの静かな曲か、ベートーヴェン交響曲全集の『英雄』が好きです。少し前は、ラフマニノフでした。聴いていると、何だか気持ちのスイッチが入るのです。モチベーションを上げるために、次にコーヒーを入れます。カフェオーレにするためにミルクを温め、お気に入りのコーヒーカップに入れます。オーストリアで買ってきた、クリムト（オーストリアの画家）の美しい女性を描いたちょっと大きめのカップです。そしていつものソファに腰かけます。いつものように、ネコが朝の挨拶にすり寄ってきます。彼の食事は6時10分（タイマーで出てきます。これはらくちんです）、狭い一人用のソファに割入り込んでくるネコと一緒に座って、しばらくキャンバスを眺めます。そして、今日の色を選びます。私はブルー系が好きです。青いバラを大きく描いています。セルリアンブルーとコンポーゼブルー、それにウルトラマリンバイオレットを選びました。子供たちが絵を描くとき絵の具を取りに来ます。それと全く同じです。

目は季節の色を見ている

同じ山なのに、同じ空なのに、春には、その山はほんのりピンク色、そして薄い黄緑のベールをかけているように見えます。夏になると、目に入る色は、深い強い緑色です。深いモスグリーン、草の葉、太陽の光、海の色、そして、すじ雲を見つけると、「あー秋だ」と思います。空に秋を見つけると、着ている服も秋色になっていきます。まわりの色に影響を受けていきます。自然の色に左右される私の色です。それがそのまま絵の色になっていきます。

春に絵を描き始めて、夏になると、絵が夏色になります。秋になると、いつの間にかその絵は秋色になっていきます。二科展に出す作品がいつも青系になってしまうのは、夏が締め切りだからかも（笑）。夏色の青に影響を受け、本物の青の色を肌で感じているから、青を沢山見ているから青い絵になっていくのでしょうか？

よく「礼子さんの描く絵は、青がきれいね」と言われます。いつも見ている色がそのまま、自分の色になっていったら、絵描きはみんな、夏に青い絵になってしまいます。そんなことはないですね。でも、季節の自然の色に影響を大きく受けて絵を描いているのは確かです。

一輪の花

庭に白い小花がかわいく咲いていました。茎が折れた一輪を可哀そうと思い、それを水を入れたコップに飾りました。私は、心の中で「よかった。かわいいな」と思います。その花は、しばらく小窓の棚で咲いてくれています。そこを通るたびに、何気なくニコっとします。私だけの楽しみといった感じです。

でも「そんなこと……どうでもいいじゃない」と思っている人は、意外に多いかもしれません。

「そんなことしても、何も変わらないじゃないの。面倒なことをわざわざしたくないわ」と思っている人がいると思います。まるで気が付かない人もいるのです。忙しいからできないのではないと思います。そこに意識が向いていないのです。無駄なことと見て見ぬふりをしているのでしょうか？　一輪の花を飾る手間を楽しみと思ってほしいと思います。何気ない日々の暮らしの中に、そんなひと手間があることが人生を豊かにすることだと思います。そうすることに歓びを感じる人になってほしいと思います。

人生を豊かに過ごせる気持ちというものがあるように思います。年齢を重ねてからスローライフをはじめるご夫婦がおられます。それもいいですね。憧れます。でも、一輪の花を飾りたいと思う気持ちは、きっと育てるものでしょう。私も誰からか習ったのでしょう。きっと成長する中でのモデルがあったと思います。思い返すとそれは、きっと父の影響でしょう。

父は庭いじりの好きな人でした。記憶の残っていることといえば、木の芽が伸びる時、花が咲き終わる時、花芽の取り方、石についた苔の話、水やりのタイミング、一年を通して毎年毎年聞かされてきました。いつも父の側で庭いじりを一緒にしていたのです。教え込まれたこともありません。花や木の名前、植え替えのタイミング、水やりのこと、肥料のやり方、気が付けば、誰よりも詳しい私です。教えられるというよりも、生活の一部という感じで身に付いています。

一輪の花を大切にしたい気持ちを育てられるのは、日々の関わりの中で培って身に付くものなのかもしれません。常に〝美しく整える〟を意識して生活すること、それをアートのある環境ということになりませんかね。父は、それが当たり前の人でした。思い出せば、「こうしたら、面白い、この方がいい。便利だ」と常にアイデアの人でした。そういえば、父の工具部屋は、ミニ発明品だらけでした。ちょっと工夫した工具がいっぱいありました。ちょっと便利に取っ手の付いた工具、長さの違うかけ紐、大きさの調整してあるカット板、ｅｔｃ……。

いつも何か考えている私の癖は、父譲りのようです。

大人も成長が必要

あなたの好きな色は何ですか？　お気に入りの場所はありますか？　自然は好きですか？　大切に育てているお花はありますか？　仲良しのぬいぐるみの友達がいますか？　空想してますか？

自分にゆとりのある時にしか流れない、ゆっくりと流れる時間が止まったように思える時間があります。周囲に邪魔されず、素の自分を感じる時、自分自身の感性が私らしく育っている時間だと思うのです。

自分自身のセンスも子供たちのセンスもそんな中に漬け込んで育てたいと思いませんか？　子供だけが成長するのではないのです。大人も日々成長！　死ぬまで成長できるのです。そんな心のゆとりを持った自分になりたいと思いませんか？　そんなお話をしたいと思っています。

私はこれからも、ずーっと、アートな人生を楽しみたいと思っているのです。

私は、こんな経験をしたことがあります。老子のモノの本質の話のように深いものではありません。色の見え方のお話です。「私は四季の中で、山が色々変化するのを見るのが大好きよ」と山を見ながら話したことがあります。するとその人は、「山は緑じゃないんですか？」と返答が返ってきました。「？？」私は、「言ったことと、何が違うのか」と聞き返して、話しました。「山は、色々な緑があるじゃない。深い今の緑の色にしても、緑の色の中に、濃い緑と明るい緑、空に溶けていくように見える緑などね。季節の中では、春の2月の芽吹きを待つ木の色、山は春を待つほんのりと薄ピンク色を感じるうす緑色に、山が見えない？」

春を待って、山がホカホカし始めている時期、若い緑の若葉が山を染めると若草色、もえぎ色になります。5月、こいのぼりの頃は、山は若草色が深まり、緑の若々しい若葉の緑色に染まります。梅雨の頃、曇り空の中、山は青みがかった蒼緑の山の色に見えます。そうして梅雨が明け、さわやかな風が吹き、日差しも強くなる時期に入ると、山の色は、ビリジアン色の濃い緑に元気な山肌になって、「さあ！　夏が来るよ」と教えてくれます。その人は、山の緑が色々あることを、不思議そうに笑ったのを覚えています。きっとその人は、あの時から、山の色の変化が見えるようになられただろうと思います。

毎年、木々の葉が落ち、冬の山の色になって、2月の寒さの中、山の色がほんのり木肌にピンクを感じる山の色を見ると、春が来ることを知ってるのだろうと、毎年車で通りすがりの山々を見ながら思います。

この山の色がほんのりとしている時期が、若葉の頃よりも、一番好きです。

私は、高速道路を走りながらの移動時間、山の変化で退屈することはないのです。よそ見はしてませんけれどね。

〝枯れていく〟を知ること。これも美しい

日本の季節がめぐる時、植物が育ち、花が咲き、実を付け、枯れていきます。

ある年、夏に咲いたひまわりを、ずっと園庭にそのままにしていたことがあります。私は、ひまわりの変化を見るのが好きです。勢いよく大きな花を付け夏を過ごしたひまわりが、時を経て、変化を見せます。

夏色の青い空、濃い緑の山々をバックに、咲く大輪のひまわりは、夏を象徴するような色とカタチがあります。夏の終わりの頃、次第に我先と言わんばかりに強さを見せていたひまわりが、周囲の色に溶け込んでいきます。それは、

自然に土に戻っていく姿を見せてくれます。

　人の人生も同じですね。

　色もカタチも、時とともに、土の色になっていきます。みかんでも、同じことをしてみました。少し傷んだ小さなみかんを部屋の外の通路に何となく置いていました。実は今もあります。いつすべて風化してしまうのだろうと置いているのです。私だけの秘密です。今は、風に飛ばされ、階段の隅にあります。置いたのはいつだったか？　いつ、土に戻っていくのだろう？　という私の中での時間の実験です。

　どんな風に土に戻っていくのかしら？　今は、小さくなって、カビに包まれてモスグリーンの深い緑、きれいに、表現していますが、緑のカビに覆われているのです。丸いけど、一見何かはわかりません。みかんだと知っているのは、私だけでしょう。

　葉っぱも同じ、腐葉土は葉っぱが土に戻っていく途中の姿ですね。カブトムシの育ち、人の死、時との競争です。これを精神的、医学的な目線でも沢山の書物があります。時間は取り戻せない、一番の不思議です。

どうして人は死んでいくのだろう？

どうして、年を取っていくのだろう？

多くの研究者が様々な分野で研究を進めています。〝時間〟、それを受け止めなければいけません。その変化も色とカタチ、素材が変化し、美しいと思うのです。人を見ても、生まれたばかりの赤ちゃんの〝色とカタチ〟、成長して勢いのある青年の頃の〝色とカタチ〟、壮年となり、老年となっていく人の一生、そこには〝色とカタチ〟の変化が見えます。別に強調することでもないように見えますが、その〝色とカタチ〟の変化を美しいと思いたい。自然の摂理に、すべてのモノが当てはまり、変化していきます。

園庭のひまわりを部屋から見ている時、人の一生をひまわりから、見ているように思えます。これも私の中の、感性なのですね。その人の受け止め方なのです。汚くて枯れたものが、片付けられていない、あれは何？　と見えたことでしょう。そのときは、「あえて子供たちにひまわりの変化を見せるために、植えたままにしています」と説明していました。

モノは、土に戻ると、茶色になっていきます。土はすべて、カタチのあったものの最後の姿なのです。みんな知っているはずなのに、土がカタチがあったことを忘れてます。道路の動物の死骸がそのままになっているのを毎日見ていると、その死骸は、いつの間にか、なくなっていきます。「土に戻っている」と思いながら通り過ぎていました。

生まれた時が白なら、それが光を受け、黄色、オレンジ、赤、緑、青、紫、茶と変化しています。

見ようとしなければ見えない人間の目がそこにあるようです。

第7章

これからの子供たちへ

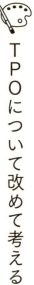

TPOについて改めて考える

先日、アルバイトの募集で面接に来た学生さん、とってもいい方だったのですが、初めて来られた時、上下のジャージ姿でした。私はびっくりして目が点になりました。面接にジャージ姿で来た方は、これまでで初めてでした。面接に来られた時の服の着こなしや靴で、その人の生活態度、清潔感、常識、品位、が見てとれます。一瞬で、どのような生活をされてきているか、どのような性格か、分別のあるなしなどが見えてしまいします。ジャージでよいと思って来たその方の、仕事の場にあった服装であるかどうかを考えてみれば、そうではないと思います。

アルバイトの募集であるから、この程度の服装でよいと思われたのかもしれませんが、アルバイトであろうが、仕事への意欲は、雇う側には感じられません。実は私は、その時、面接もする気にもなりませんでした。質問さえしたくなかったのです。私たちの依頼する仕事（保育園の清掃）を馬鹿にされているようにも思えました。その方はそのような気持ちは全くなかったと思います。そのジャージは、メーカー品のお気に入りのようでした。でも、どんなに高級な良い品でもジャージは、体操服です。

高級ホテルでは、入室を断られます（この頃は、かなり自由となっていますが）。レストランでの美味しい食事には、着て来てほしくありません。同席はいやです。私の頭が固いのでしょうか？　でも、ＴＰＯ（和製英語、Time〈時間〉、Place〈場〉、Occasion〈場面〉）にあった服装を選べる若者になってほしいと思っています。きっと彼女の大きな失敗だったと思います。いつか気づいてほしいと思います。本番の就職先では、黒のスーツで出かけることでしょう。私は、いつも見られて平気な自分を意識したいと思っています。

教育について改めて考える

この頃、世の中にバーチャルな世界が氾濫しすぎていませんか？

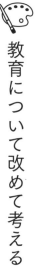

子供たちは、バーチャルの世界が一番いいと思ってしまわないかと心配になります。もう少ししたら、バーチャルの世界を過ごした第一世代の子供たちが親になる時期がきます。ｉＰａｄの描画ソフトで描かれた絵は、一瞬にして、消すこともできますし、色を変えることもできます。水彩絵の具であれば、色を変えたいと思い、水で色を薄めても、決して、元の紙の状態には戻りません。薄くなっても、水に濡れた紙の質は変化しています。同じ状態ではないですね。

花も木も草もバーチャルで育てるのが普通になってしまわないかしら？　ＳＦ映画ですごいなと思っていたことが、現実になってきそうです。映画であれば、空想だからと楽しめますが、それが現実だとすれば、作られた植物であることに本物性はなく、植物が生きていないことがいやです。そんな世界がいいと思ってしまう子供たちが育っているように思えます。それが本当に心配です。

アイビーやポトスなどの育てやすい観葉植物は、水を絶やさなければ、成長してくれます。なのに、水を絶やして枯れさせてしまいます。ちょっとした気配りで枯らさなくてよいはずなのに、「レイコさんは、上手ですよね」と褒められます。水があるかどうか見ているだけなのに……どうしてかしら？

みんなと同じがいいと思っている日本人、一人ひとりの個性は百人百様です。イタリアのレッジョ・エミリアの教育に『子どもたちの一〇〇の言葉‥レッジョ・エミリアの幼児教育実践記録』（レッジョ・チルドレン著、ワタリウム美術館編、日東書院本社）という有名な本があります。子供はみんなと違っているということなのに日本人の家庭では、うちの子が、みんな違うことを気にするお母さんが多いことに気づかされます。違っていいのに……。不安になりますよね。大正時代の〝金子みすゞの詩〟にもありましたね。〝みんなちがってみんないい〟と。でもどこと比べているのでしょう。大人になってみんな同じでは、個性はつぶれてしまいます。

ある日、小学校の授業参観に出かけ、壁に貼ってある展示を見ました。Ａ４サイズの用紙にコピーされた葉っぱが、生徒それぞれが選んだ色で塗られていました。テーマは紅葉です。「みんな上手にできているでしょう」クラスの先生が自慢されたのを思い出します。子供たちの作品は、決められた色を言われたとおりに塗っただけのものです。葉っぱの形から、はみ出さないように塗られていました。とてもきれいに仕上げられていました。しかし、同じ様に塗り分けを指示されています。色塗りが、この授業のテーマであれば、問題はありません。作成された一枚は、個性溢れたアート作品とは言えません。

私には何の魅力も感じない展示を絶賛し、自慢している先生の姿に幻滅したのを覚えています。「日本の子供たちには、もっと自由に絵を描かせてあげるべきだ」と、あの時ほど、あきれてしまったことはありません。これは一例です。先生用の指導書には、そのように指導するように記載されているのでしょうか？　図画工作の指導書には、実はそんなことは書いてありません。ひらがなを見本どおりに正確に書く指導とこのコピーの葉っぱをきれいに色分けして仕上げた作品と同じではないのです。日本語の正しい字を覚えることと絵を自由に描くこととは、違うと思います。少し前の話ですから、もうそんな先生はおられないことを祈ります。

絵の大好きな子になってほしいな

お気に入りの場所をあなたは持っていますか？

家の中でも外でも、きっとどこかお気に入りがありますよね。お気に入りの椅子とか、部屋とか、カフェとか。また、好きな時間というのもあると思います。夜、家族が寝静まった時間からとか、早朝などあるかと思います。それと同様に、子供たちも絵が大好きになるための居心地の良い場所があることが必要と思っています。それは、文字を持たない乳幼児期のお絵描きは、自分の思いを出すためのとても大切な行為であり、非認知能力を育てるよい方法だと思います。

自分からはじめることの大切さ（ここでは絵を描くこと）を今、この幼児期に身に付けてほしいと思います。大人の方の中にも、自分に自信が持てなくて、人に助けてもらう一言を待っている指示待ちの方が意外に多いと思います。もしかしたら、日本人特有のみんなと同じが安心と思う気持ちが強い人が多いのではと感じます。

それは、これまでの一定のレベルを上げたいと考えてきた日本の教育が土台にあり、抜け出せない安心領域（コンフォートゾーン）の人が多いということだと思います。しかし、やりたいことを自分からはじめれば、自分の思いをより早く実現できるはずなのですが、それが怖くてできないと考える大人が多いと感じます。「あなたの意見はないの？」しばらく話しているとその人の思いが見えてきます。

「何か言われるのじゃないか?」「どう思われるか心配」と言葉や行動に出せない人が意外に多い。失敗したくないという思いからでしょう。でもそれは実は卑怯だと思います。いいとこ取りをしたいのです。失敗しても、成功しても、自分の今の思いを言える大人になる方が、人生をたくましく生きていけると思います。

それには、小さい時からの自分から表現する習慣を身に付けることが重要だと思います。文字も言葉も表現できない時期の乳幼児期に、**線で気持ちを表すこと、色で気持ちを表すこと**ができていれば、それはいずれ、言葉や文字、アートで表現できる人になれると考えます。そこで、やりたい・したい気持ちを大事に、絵を描く時間を積み重ねていくことが重要と考えています。

嫌いなことは長続きしません。ずっとやり続けているお絵描きや工作があれば、夢中にやらせてあげればよいのです。心理学で言うフロー状態に入っていると考えられます。絵は自分の思いを線や色で、あの手この手で、私たちに伝えてくれる方法なのですから。そこで、「何描いているの？　何かわからない。変だね」などと否定的な言葉や表情をみせると一気にやる気がなくなってしまいます。子供のやる気を育てるのは、大人の出番です。よくわからなくてもまずは、褒め言葉を探すのです。「元気があるね。きれいな色だね。強そうだね。怖いくらいいっぱいだね」否定言葉は禁句です。どこか気になるところを＋《プラス》の言葉で表現するのです。

この魔法の褒め言葉は、子供たちには、絶大です。もっともっと描きたい、やりたいが持続します。それが、次第に、他の興味に変化して学習にシフトチェンジしていきます。「絵ばかり描いてどうしようもない子だわ」は、考えなくていいのですよ。**夢中が学びの原動力**です。子供にも描きたくなる**魔法の言葉**が必要です。それにいつものお気に入りのスイッチを入れるルーティンを、整えてあげることが大切です。やりたいスイッチを入れるには、気にしないで、やりたい夢中スイッチが入る環境を準備してあげることです。

お気に入りのクレヨンや画用紙、テーブルや椅子などです。それが大事です。絵が描きたいが、それが学びの学習スイッチに、移行していくのです。「なぜ？　どうして？」絵を描くは、すべてのスイッチのきっかけになると思っています。

私は、絵を描きたくなる魔法を自分でかけます。それはいつものルーティンです。それをすると頭の中が自分モードになっていきます。私は、ずっと朝型の生活パターンです。夜くたくたの時間を自分の時間に使うよりも、朝の一番元気な時間を自分の時間に使う方が一番大事なエネルギーが使えると思っているからです。

子育て中からずっとですね。私は、夜9時過ぎには眠くなります。母が亡くなり実家の父（83歳）が一人暮らしをはじめた頃、仕事を終えて夕方7時過ぎに父の実家（一人暮らしが怖いといって、9年、実家に同居していました。その頃、旦那さんは、ネコと二人暮らしでした。笑）に帰宅すると、父は7時半過ぎには、寝ていたのを思い出します。同じ遺伝子ですかね。

日々のルーティンがやる気スイッチを入れるというのは、ほんとですよ。少しずつ選曲の変化はありますけど、朝、クラシックのピアノ曲が流れはじめると自然に絵を描きたくなったり、やる気スイッチが入るのです。私が大きなライトを点けると、ネコが一緒に起きて、背伸びをはじめます。彼のいつものルーティンです。まだ暗いブラインドを半分明けると窓をネコが覗きにきます。「おはよ！」と朝の挨拶です。外が見えるようにすると、お天気が少し気になります。2階からは、朝焼けの瀬戸内海が見えます。うっすらピンク色に染まりながら、しらじらと明けていく瀬戸の海は絶景です。贅沢ですね。9年実家の父と過ごして父を見送り、ビルに戻ってきました。父がかわいがっていたちょっとのんびり屋の彼とです。黒白のツートンの毛並みが気に入ってペットショップで父とご対面させて、父の居候となりました。1歳前のやんちゃ盛りに父のもとに来てほぼ1年一緒に過ごし、この子にお風呂で見守られ、父は気持ちよく天国に逝きました。そしてこのチョビ君と2階のこの部屋に戻ってきたのです。

朝の4時から6時が自分の時間、ぼーっとして瀬戸内海を見ながらいい時間です。気が付くと、「ああ……」という感じで、絵を描こうか、パソコンを開こうかとまず二者択一です。今日はパソコンがお相手です。時間を忘れて、没頭できる時間があります。それが一番お気に入りのひと時です。気が付けば、2時間近くが過ぎています。フロー状態ですね。時計を見て、6時前、慌てて支度をして、7時の早朝保育のお仕事に出かけます。7時に出かけようとすると朝4時が、2時間の時間を確保できるいい時間ということになります。月曜日から土曜日までこの繰り返しです。

父が91歳で他界して、元の生活に戻って、自宅からは通勤距離1分、階段を下りると仕事場の保育園です(笑)。近いっていい。実家暮らしの頃

は、高速を使って20分を10分に短縮していました。それでも早朝保育7時にぎりぎり。5年で10万キロ。どれだけ動いていたかわかります。

「アート保育」という言葉がまだしっくりと使えず、なんて伝えたらいいのかしらと頭の中をグルグル同じ言葉が回っていました。日々の保育の体制づくりに苦心していた頃、体がいくつあっても足りない感じで日々を過ごしていましたね。

あとがき

私が目指したい保育は、一体何なんだろうと考えた時、どこの保育園、幼稚園、こども園でも、探せばあるモノばかりなのです。絵を描くこと、砂場で遊ぶこと、お花を育てること、積み木で遊ぶことなどなど。でも私が目指している保育と周囲の保育とは何かが違うのです。もどかしいけれど、伝えたいことが違うのです。「アトリエＲＥＩレイこども舎」を立ち上げたばかりの頃、保育園のプレゼンテーションをする機会がありました。数名の審査員の方々の中に大学の先生がおられ、「あなたの目指す保育は何ですか？」と質問を受けました。その時、日々考えている、私の理想とする保育をそのままを話したのです。大学の先生のコメントは、「それはどこにでもある保育ですね。特徴ある保育とは言えませんね」と答えられました。それを帰宅して、「いや、私の考えている保育園のカタチは、今ある保育園とは違っていると思う。何がこれまでの保育と自分が考えている保育とは違っているのだろう」と考えました。そしてわかったことは、「子供がいつも選べる遊びの考え方を変え、その中にアートを絡めることなんだ」ということ。大学の先生のコメントをヒントに自分の目指す保育のイメージがはっきりしたことで違いを明確にすることができたのです。ですから、私の考える「アート保育」は、どこの園でもできるのです。今ある保育環境の考え方を整理するだけでよいのです。「日々の生活のあらゆるモノの見方や考え方を整理して、そこにアートを絡める」。これは私自身が普段から実践していることでもあります。脳を使って常に「どうしたら、きれいかな、面白いかな、並びはいいかな、色はそろっているかな」と考えている自分自身がいるのです。これまでも、私自身は、常に変化を求める時、「これがいいかな、この方がいいかな」と自問自答しているのです。いつもアート思考が土台にあるということなのです。

そしてもう一つ。日本の幼児教育で意識してほしいことは、〝かわいい〟を意識しすぎないことだと思うのです。もっとお洒落で、カッコイイ保育士であってほしいのです。私が見てきた海外の幼児施設では、保育士が子供服のようなエプロンをしている国はどこもありませんでした。日本特有の良さとは思えません。スポーツウエアもそればかりでは、子供たちのセンスは磨かれません。一年中見ている先生が一年中同じウエアでは、美意識は育たないのではと思うのです。年齢なり、季節なり、その人なりのセンスで身なりを見せるのが必要だと思うのです。レッジョ・エミリアの先生方は、シャツを着こなしたパンツ姿で、さすが、センスの国イタリアと思いました。ぜひ、カッコイイ保育士の集団になってほしいと思います。日本では美意識優位ではなく、養育優位がこのような衛生的で安全だと考えられる服装が一般的となったのではと思います。イタリアは美意識が高いと思います。小さい時から、色やカタチを常に意識して育っているのだと感じました。街角に何げなく置いてある古びた椅子も素敵だし、看板もさりげなくおしゃれだし、何が違うのでしょう。日本にも和のすばらしい色とカタチがあるのですから、それを意識して幼児期を過ごしていくのはどうでしょう。我が町、廿日市には世界の遺産「宮島」という世界に誇る色やカタチの本物があります。そこを基本に美意識を育てていければよいのにと思います。決して無理難題を言ってはいないと思います。いざ、何からと思うと、保育士育てからということになります。美意識のある先生、美しいを感じて子供に伝える先生の育成でしょうか？　それには、まず保育士自身、自分が素敵に生きるを意識していくことからだと思います。子供たちの服装の工夫やささやかな一輪の花を生けるなどを積み重ねることで美意識は育っていきます。素材の違いを身近に見せ、味わいのある本物に触れ、それが心地よいと思う子供を育てることだと思います。そうすれば、保護者の方々の意識も変わり、子供の美意識を育てられる子育てをしてくださるのだと思います。そんな日本の幼児教育になってほしいと思います。

働きすぎの日本の子育て世代の親たち

いくら美意識を意識したゆとりのある子育てをしてもらいたいといっても、日々時間とお金に余裕のない日本の子育て世代の方々からは、「そんなこと言われたって、どうにもできない!」いう悲鳴が聞こえてきそうです。何とかしてあげたいものです。そんな中においても気持ちにゆとりを持って、楽しく豊かに子育てしている人たちを見ると、私自身はどんなにかゆとりのなかった子育て時代を過ごしてきたことか反省します。

私は子育てを楽しんできたかというと、すぐに「YES」とは言えません。レイに子供を通わせている(預けてくださっている)保護者の方々は、早朝、優しく子供にほおずりをして子供たちを送り出しています。私のその頃といえば、バタバタと朝ごはんを食べさせて送り出していました。朝の7時に、朝ごはんをすませ、ご機嫌で登園することが、どんなに大変かは、想像つきます。

一度でもその時期の子育てを経験したことのある方は、よくご存じですね。レイにお子さんを預けてくださっているお父さんお母さんたちは、本当にすごいなといつも見守らせていただいています。夕方家に帰り、子供たちが眠るまでどんなに慌しいことだろうかと想像します。体はくたくたの中、夕ごはんを作り、お風呂に入れ、絵本を読む夜のひと時、やっと自分たちの時間になるかといえば、翌日の準備に追われます。

そんな中、一番不思議なのは、海外のお父さんお母さんたちです。

平日の4時過ぎ、公園の芝生の上で、子供とボール遊びをしたり、寝転んでゆっくりしている姿をよく見かけました。なぜ？　日本の子育て世代は、朝7時過ぎに子供を預け、夕方7時前まで保育園が活躍しなければならないのか？何かが違うと思います。そんなに働かないといけない理由があるからです。みんなが欲張りすぎているのでしょうか？　きっと何かが違っているのです。子育て政策で、もっと時間のゆとりのある楽しい子育てをさせてあげてほしいと思います。

本作品には、アート保育について、私自身の生い立ちや考えも含めて書かせていただきました。無我夢中で走ってきた私です。アート保育についての認知度はまだまだですが、これからも情熱を持って、未来を担う子供たちのために頑張っていこうと思います。

最後に　お世話になった方々へ

「アート」と「保育」を繋ぐために何をしたいのか整理がつかない時に、ずっと私の思考錯誤に付き合ってくださった「アトリエＲＥＩレイこども舎」のスタッフのみんな、本当に感謝しています。少しずつ少しずつ、「アート保育」なるものが言葉で言えるようになったのも、日々みなさんの保育の苦労があったからこそです。子供の姿と、保育士としての動き方、環境のつくり方、雲をつかむような日々の私との問答に、きっといらいらされたことも一度や二度ではなかったことと思います。まだまだ進行形の「ＲＥＩレイ式アート保育」です。今後ともよろしくお願いいたします。どのようにまとめていけば良いか、迷っていたところでの、幻冬舎の板原様の一言がとても心に響きました。「あなたの文章のままでいいですよ」は勇気をいただきました。また、編集担当の皆様、つたない文章を整理してくださりありがとうございました。

ずっともやもや、どうしたら一番今の思いを伝えられるかを整理してくださったことが、まとめて整理してみようと本気で思えたきっかけとなりました。今回、保育園の立ち上げからのイラスト編集をお願いしている伊豆野詩織様にイラストをお願いしたいと思っていました。みんなにかわいがってもらえる一冊に仕上げてくださってありがとうございます。

二〇二四年五月

REI
Thank You.

〈著者紹介〉

岡本礼子（おかもと・れいこ）

1956年生、広島県在住。夫、子供２人、孫２人、ネコ１匹
安田女子短期大学短期大学で保育士資格取得後、地元公立保育園に29年勤務、武蔵野美術大学造形学部通信学科油絵科卒業
公益社団法人二科会1980年初入選、41年連続で出展、2011年二科展特選
2006～2011年フランスエコール（欧州美術クラブ主催）
ポール・アンビーユ氏に師事
現在
子育てサポートアトリエREIレイ合同会社　代表社員
（廿日市市認可保育園 アトリエREIレイこども舎さがた園・おおの園
２園の総括園長）
二科会同人、国際平和美術展出展、RBA英国美術家協会名誉会員
国際幼児教育学会理事
廿日市市美術家協会執行部理事
広島インターネット美術館理事
広島文教大学非常勤講師
エクシヴ放課後デイサービス描画担当
中国新聞情報文化センター連携ちゅーピー西条教室「脳を育てる子供の絵画と造形」

〈イラスト〉

伊豆野詩織（いずの・しおり）

フリーデザイナー
アトリエREIレイこども舎のデザイン担当

「アート保育《ほいく》」のすすめ

2024年11月22日　第1刷発行

著　者　　岡本礼子
発行人　　久保田貴幸

発行元　　株式会社 幻冬舎メディアコンサルティング
　　　　　〒151-0051　東京都渋谷区千駄ヶ谷4-9-7
　　　　　電話　03-5411-6440（編集）

発売元　　株式会社 幻冬舎
　　　　　〒151-0051　東京都渋谷区千駄ヶ谷4-9-7
　　　　　電話　03-5411-6222（営業）

印刷・製本　中央精版印刷株式会社
装　丁　　立石愛

検印廃止

Printed in Japan
ISBN 978-4-344-94947-8 C0037
幻冬舎メディアコンサルティングＨＰ
https://www.gentosha-mc.com/